"十四五"时期国家重点出版物出版专项规划项目

★ 转型时代的中国财经战略论丛 ◢

税收负担
对企业生存风险的影响研究
——基于投资行为的视角

The Impact of Tax Burden on Enterprise Survival Risk
—from the Perspective of Investment Behavior

魏天保 著

中国财经出版传媒集团

经济科学出版社
Economic Science Press

图书在版编目（CIP）数据

税收负担对企业生存风险的影响研究：基于投资行为的视角/魏天保著． -- 北京：经济科学出版社，2023.4

（转型时代的中国财经战略论丛）

ISBN 978 - 7 - 5218 - 4601 - 0

Ⅰ. ①税…　Ⅱ. ①魏…　Ⅲ. ①税负 - 影响 - 企业管理 - 研究 - 中国　Ⅳ. ①F279.23

中国国家版本馆 CIP 数据核字（2023）第 042914 号

责任编辑：于　源　侯雅琦
责任校对：刘　娅
责任印制：范　艳

税收负担对企业生存风险的影响研究
——基于投资行为的视角

魏天保　著

经济科学出版社出版、发行　新华书店经销
社址：北京市海淀区阜成路甲 28 号　邮编：100142
总编部电话：010 - 88191217　发行部电话：010 - 88191522
网址：www. esp. com. cn
电子邮箱：esp@ esp. com. cn
天猫网店：经济科学出版社旗舰店
网址：http://jjkxcbs. tmall. com
北京季蜂印刷有限公司印装
710 × 1000　16 开　11.25 印张　180000 字
2023 年 4 月第 1 版　2023 年 4 月第 1 次印刷
ISBN 978 - 7 - 5218 - 4601 - 0　定价：48.00 元
（图书出现印装问题，本社负责调换．电话：010 - 88191510）
（版权所有　侵权必究　打击盗版　举报热线：010 - 88191661
QQ：2242791300　营销中心电话：010 - 88191537
电子邮箱：dbts@ esp. com. cn）

总　序

　　"转型时代的中国财经战略论丛"是山东财经大学与经济科学出版社在"十三五"系列学术著作的基础上，在"十四五"期间继续合作推出的系列学术著作，属于"'十四五'时期国家重点出版物出版专项规划项目"。

　　自2016年起，山东财经大学就开始资助该系列学术著作的出版，至今已走过6个春秋，期间共资助出版了122部学术著作。这些著作的选题绝大部分隶属于经济学和管理学范畴，同时也涉及法学、艺术学、文学、教育学和理学等领域，有力地推动了我校经济学、管理学和其他学科门类的发展，促进了我校科学研究事业的进一步繁荣发展。

　　山东财经大学是财政部、教育部和山东省人民政府共同建设的高校，2011年由原山东经济学院和原山东财政学院合并筹建，2012年正式揭牌成立。学校现有专任教师1690人，其中教授261人、副教授625人。专任教师中具有博士学位的982人，其中入选青年长江学者3人、国家"万人计划"等国家级人才11人、全国五一劳动奖章获得者1人、"泰山学者"工程等省级人才28人，入选教育部教学指导委员会委员8人、全国优秀教师16人、省级教学名师20人。近年来，学校紧紧围绕建设全国一流财经特色名校的战略目标，以稳规模、优结构、提质量、强特色为主线，不断深化改革创新，整体学科实力跻身全国财经高校前列，经管类学科竞争力居省属高校首位。学校现拥有一级学科博士点4个，一级学科硕士点11个，硕士专业学位类别20个，博士后科研流动站1个。在全国第四轮学科评估中，应用经济学、工商管理获B＋，管理科学与工程、公共管理获B－，B＋以上学科数位居省属高校前三甲，学科实力进入全国财经高校前十。2016年以来，学校聚焦内涵式发展，全面实施了科研强校战略，取得了可喜成绩。获批国家级课题项目 241 项，教育部及其他省部级课题项目 390 项，承担各级各类横向课题 445 项；教师共发表高水平学术论文 3700 余篇，出版著作 323 部。同时，新增了山东省重点实验室、山东省重点新型智库、山东省社科理论重点研究基地、山东省协同创新中心、山东省工程技术研究中心、山东省两化融合促进中心等科研平台。学校的发展为教师从事科学研究提供了广阔的平台，创造了更加良好的学术生态。

"十四五"时期是我国由全面建成小康社会向基本实现社会主义现代化迈进的关键时期，也是我校合校以来第二个十年的跃升发展期。今年党的二十大的胜利召开为学校高质量发展指明了新的方向，建校 70 周年暨合并建校 10 周年校庆也为学校内涵式发展注入了新的活力。作为"十四五"时期国家重点出版物出版专项规划项目，"转型时代的中国财经战略论丛"将继续坚持以马克思列宁主义、毛泽东思想、邓小平理论、"三个代表"重要思想、科学发展观、习近平新时代中国特色社会主义思想为指导，结合《中共中央关于制定国民经济和社会发展第十四个五年规划和二〇三五年远景目标的建议》以及党的二十大精神，将国家"十四五"期间重大财经战略作为重点选题，积极开展基础研究和应用研究。

"十四五"时期的"转型时代的中国财经战略论丛"将进一步体现鲜明的时代特征、问题导向和创新意识，着力推出反映我校学术前沿水平、体现相关领域高水准的创新性成果，更好地服务我校一流学科和高水平大学建设，展现我校财经特色名校工程建设成效。通过向广大教师提供进一步的出版资助，鼓励我校广大教师潜心治学，扎实研究，在基础研究上密切跟踪国内外学术发展和学科建设的前沿与动态，着力推进学科体系、学术体系和话语体系建设与创新；在应用研究上立足党和国家事业发展需要，聚焦经济社会发展中的全局性、战略性和前瞻性的重大理论与实践问题，力求提出一些具有现实性、针对性和较强参考价值的思路和对策。

山东财经大学校长

2022 年 10 月 28 日

前　言

　　与成熟市场国家相比，我国企业存在高退出率、低寿命现象，这既会对企业所有者、从业者和消费者的福利带来不利影响，也会造成大量社会资源的浪费，影响国家宏观经济的长治久安。税收政策作为政府调节宏观经济、影响微观个体行为的常用工具，被视为影响企业生存风险的重要因素之一，并受到国内外学者的普遍关注。但遗憾的是，关于我国税收负担影响企业生存风险的研究，量化实证文献近乎空白，普遍只是出于局部直观经验判断的规范性文献，且结论分歧较大：有人认为我国企业税收负担较高，恶化了企业的经营环境，加大了退出风险；有人认为，我国企业承担的实际税负并不高，减税对改善企业经营状况的作用不大。这种情况下，亟待出现更多、更具说服力的理论和经验证据加以论证。

　　本书将传统税收学的税负微观效应理论进一步延伸，从税负影响企业投资行为（包括投资的规模和投资的产出效率）的视角，分析税负对企业生存风险的影响。具体而言，在其他因素不变的情况下，随着企业税收负担的逐步提高，一方面会对企业的投资规模带来作用相反的收入效应和替代效应，从而造成投资规模呈先增大后减小的倒 "U" 型变化；另一方面会倒逼企业进一步提高投资的产出效率，"向效率要效益"，以期降低税负提高带给企业边际收益的不利影响，而企业的投资规模和投资产出效率与其市场退出风险负相关。因此，整体而言税收负担的逐步提高会对企业的市场退出风险造成先降低后增大的 "U" 型影响。这一理论，与既有文献普遍认为的税负与企业退出风险单调正相关的观点有所差异，具有一定的创新性。

　　在理论分析的基础上，本书利用 1998 ~ 2013 年的"中国工业企业数据库"，使用 Cox 比例风险模型、AFT（加速失效时间模型）等生存分析方法，检验了我国企业在市场生存中所面临的主要风险因素，重点考察了税收负担对企业生存风险的影响程度，并验证了投资行为在税收负担影响企业生存风险过程中的渠道作用。此外，本书还从企业的所有制属性、产业类型、全要素生产率（Total Factor Productivity，TFP）大小、资产规模、经营年限、所在地区 6 个维度，进一步考察税收负担对不同类型企业的影响差异，以及直接税和间接税的税种形式差异带给企业的生存风险的影响差异。本书主要得出了以下结论：

（1）我国企业具有较高的市场退出率。在本书的时间区间内，企业年均退出率约为 21.31%。不同类型企业之间的退出率有所差异，整体而言，外资及港澳台企业的年均退出率低于本土企业；技术密集型企业的年均退出率低于劳动密集型与资本密集型企业；大规模企业低于小规模企业；东部企业低于中部、西部企业。

（2）企业生存风险的影响因素较多，但整体上我国企业的实际税收负担并未高到抑制企业生存和投资的程度。本书的实证结果表明，TFP、资产规模、利润率、资产负债率、资本密集度、出口行为、所属行业及产业特征等企业内部因素，以及企业所在地区的劳动力成本、市场化程度、金融自由化程度、引进外资程度等营商环境因素，均会对企业的生存风险带来显著影响。税收负担也是显著的影响因素之一，但我国大多数企业的实际税负并不高，并未加剧企业的退出风险和投资困难。

样本区间内，以"应交税额/主营业务收入"计算的我国企业实际税负均值约为 4.65%，企业所得税税负约为 0.66%，增值税税负约为 3.24%。以"本年应交企业所得税/利润总额"计算的企业所得税平均税率，约为 10.28%；以"本年应交增值税/工业增加值"计算的增值税平均税率，约为 12.52%，显然，我国一般制造业企业的实际税负长期低于法定税率。

异质性企业的实际税负有所差异：集体企业的平均有效税负（以"应交税额/主营业务收入"计算）约为 5.22%，高于私营企业的 4.79% 和外资、港澳台企业的 3.41%；技术密集型和资本密集型企业的平均有效税负分别约为 4.78% 和 4.77%，略高于劳动密集型企业的 4.40%；大型企业的平均有效税负略高于中小企业；中部、西部企业的平均有效税负分别为5.10%和4.95%，高于东部企业的4.51%。

（3）其他因素不变的情况下，随着企业税收负担的逐步提高，会对企业退出市场的风险率造成先降低后增强的"U"型影响，对企业的市场存续时间造成先增加后降低的倒"U"型影响。这意味着，仅就降低一般企业的退出风险这一目标而言，存在一个最优的税负值，当实际税负低于该值时，税负提高有助于降低企业的退出风险；当实际税负高于该值时，税负的继续提高会加剧企业的退出风险。在本书的样本区间内，平均而言，以"应交税额/主营业务收入"所计算的有效税负拐点值约为6.95%；以"应交税额/营业收入"计算的有效税负拐点值约为7.00%。不同的企业，税负拐点值存在差异。

（4）投资行为是税收负担影响企业生存风险的重要渠道：税收负担既可以影响企业的投资规模，也可以影响投资产出效率，进而影响企业的生存风险。

其中，税收负担的逐步提高，会对企业的投资规模造成先促进后抑制的倒"U"型影响。这是因为，在低税负阶段，收入效应占据优势地位：税负提高降低了企业家的收入，促使企业家为维持以往的收入水平而加大投资规模；在高税负阶段，替代效应占据优势地位：税收导致投资收益率下降，使得投资对纳税人的吸引力下降，纳税人以消费、储蓄等其他行为替代生产性投资。这一理论观点和实证结果，与当前主流实证文献所强调的单调抑制影响有所不同。

税收负担对企业的投资产出效率具有倒逼改进作用：样本区间内，平均而言，以"应交税额/主营业务收入"计算的企业实际税负每提高1%，企业资本产出效率大约提高1.41%，劳动产出效率大约提高1.49%。相比于以增值税为代表的间接税税负，以企业所得税为代表的直接税税负对企业投资行为的影响更为剧烈。

企业投资规模的扩大与投资产出效率的提高，均会显著降低企业的市场退出风险、提高存续时间。平均而言，企业新增固定资产投资每增加1%，企业退出市场的风险率大约降低0.0202%，市场存续时间大约提高0.0063%；企业劳动力规模每提高1%，企业退出市场的风险率大约降低0.0641%，市场存续时间大约提高0.0582%；资本产出效率每提高1%，企业退出市场的风险率大约降低0.0414%，存续时间大约提高0.0481%；劳动产出效率每提高1%，企业的风险率大约降低

0.0657%，存续时间大约提高 0.0596%。

（5）对异质性企业的检验发现：税收负担只对本土企业造成显著影响，而并非外资和港澳台企业的显著影响因素；相比于资本密集型和技术密集型产业的企业，劳动密集型产业的企业对税收的承受能力更弱，存在一定的减税必要性；TFP 越高的企业，对税负的耐受能力越强，当 TFP 高到一定程度，增税对其生存风险带来的不利影响可以忽略；中型、小型企业对税负的影响更为敏感，在本书中，对规模最大的五分之一分位的企业而言，税负并非其生存风险的显著影响因素；经营时间越久的企业，对税负的耐受能力越强，新成立企业存在一定的减税必要性。

（6）直接税与间接税对企业投资行为和生存风险的影响存在差异：假如政府想要征收固定额度的税收，以企业所得税这种直接税的征税方式实现，会比以增值税这种间接税的征税方式实现对企业投资行为和生存风险的影响更为剧烈，企业对直接税税负变动的反应更为敏感、承受能力更低，这主要是因为与间接税相比，企业直接税更难转嫁。如果仅以降低企业的生存风险为目标，平均而言，以"本年应交税额/主营业务收入"所计算的最优企业所得税税负值约为 3.77%，最优增值税税负约为 5.24%；以"本年应交税额/营业收入"所计算的最优企业所得税税负约为 3.93%，最优增值税税负约为 4.87%。当然，该值仅具有参考价值，因为不同企业具有不同的最优税负值。

上述实证研究有助于全面了解我国企业高退出率、低寿命现象的成因，有助于客观认识税收政策对企业生存风险的影响程度及传导机制，为我国政府调整税收政策、营造更好的市场环境提供了更充分的参考依据。本书认为，未来我国企业部门的税收政策宜保持总体战略定力，同时有必要继续进行局部调整，并提出了具体的调整建议。

目　录

第1章　绪论 ……………………………………………………… 1

　　1.1　研究背景及目的意义 ……………………………………… 1

　　1.2　研究思路与内容 …………………………………………… 7

　　1.3　概念界定 …………………………………………………… 9

　　1.4　研究方法 …………………………………………………… 11

　　1.5　创新点与不足 ……………………………………………… 12

第2章　文献综述 ………………………………………………… 17

　　2.1　税收负担影响企业生存风险的文献综述 ………………… 17

　　2.2　税收负担影响企业投资行为的文献综述 ………………… 24

　　2.3　投资行为影响企业生存风险的文献综述 ………………… 30

　　2.4　文献综评 …………………………………………………… 34

第3章　税收负担影响企业生存风险的理论分析 …………… 36

　　3.1　税收负担影响企业投资行为的理论分析 ………………… 36

　　3.2　投资行为影响企业生存风险的理论分析 ………………… 45

　　3.3　税收负担对企业生存风险的影响
　　　　——基于投资行为渠道的理论分析 ………………………… 47

第4章　我国税收负担影响企业生存风险的实证研究 ……… 49

　　4.1　实证模型 …………………………………………………… 49

　　4.2　数据说明 …………………………………………………… 51

4.3 变量说明 ·· 54

4.4 我国税收负担与企业生存风险的特征事实 ··············· 60

4.5 实证结果与分析 ·· 69

4.6 本章小结 ·· 94

第5章 税收负担影响企业生存风险的机理
——基于投资行为渠道的实证研究 ················· 97

5.1 我国税收负担影响企业投资行为的实证研究 ··········· 97

5.2 投资行为影响我国企业生存风险的实证研究 ·········· 114

5.3 税收负担与企业生存风险
——基于投资行为渠道的实证研究 ··············· 119

第6章 结论与政策启示 ······································ 127

6.1 主要研究结论 ··· 128

6.2 政策启示 ··· 131

参考文献 ·· 138

附录 ·· 162

致谢 ·· 168

2

第1章 绪　　论

1.1　研究背景及目的意义

1.1.1　研究背景

1. 我国企业生存风险现状

企业作为国民经济的细胞，是市场经济活动的主要参加者，是社会物质生产和流通的直接承担者，是维持财政、吸纳就业、推动社会经济技术进步的主要力量。一个国家的长期发展和进步，离不开企业又好又快的发展，我国要实现"两个一百年"奋斗目标和中华民族伟大复兴的梦想，更需要一大批优秀企业作为经济发展的中坚力量。令人振奋的是，当前我国市场中企业基数庞大、进入率较高。工业和信息化部网站数据显示，截至2021年末，我国企业总量已达4842万户[①]；2023年3月1日，工业和信息化部部长金壮龙在国务院新闻办举行的"权威部门话开局"系列新闻发布会时提到：2022年，我国平均每天新设企业2.38万户，我国中小微企业数量已经超过了5200万户[②]。大众创业、

---

① 《人民网举办"828企业服务平台"上线暨"北京828 B2B企业节"启动仪式》，https：//www.miit.gov.cn/gyhxxhb/jgsj/zxqyj/fwzxqyzxd/shgjzlfz/art/2022/art _ 0dd06de19e51453d9d4377cae426a35e. html v. cn），2022年8月29日。

② 《我国新型工业化步伐显著加快》，https：//www.ccdi.gov.cn/yaowenn/202303/t20230301_249840. html，2023年3月1日。

万众创新蓬勃发展，创业已成为助推我国经济增长的重要引擎。

我们也应看到，大量新企业进入的同时，中国市场上还存在着企业退出率较高、企业寿命普遍较短的现象。李平等（2012）通过对"中国工业企业数据库"的统计分析，用大样本数据证实了中国工业部门不仅表现出非常高的进入率，而且表现出非常高的退出率，如1999～2007年制造业企业的退出率在14.90%～46.43%；毛其淋等（2013）的研究显示，我国规模以上工业企业的年平均退出率约为17%，这与黎日荣（2016）的研究结果较为接近，后者计算的结果约为16.3%。可见，我国市场呈现出企业高进入率与高退出率并存的快速流转特征。

与高退出率相伴的，是企业普遍的低寿命现象。2003年经理世界年会公布的数据表明，中国企业平均寿命约为8年（"中国企业寿命测算方法及实证研究"课题组，2008）。王峰等（2009）指出，自改革开放以来，中国企业的平均寿命为6.69年。国家工商总局企业注册局（2013）发布的《全国内资企业生存时间分析报告》，通过对2000～2010年间全国新设企业、注吊销企业的分析指出，我国企业生存时间普遍较短，企业成立后3～7年为退出市场高发期；我国大部分行业企业的寿命众数为3年，其中，农、林、牧、渔业，制造业，批发和零售业，房地产业，水利、环境和公共设施管理业企业生存危险期均在1年以内。2019年6月，中国人民银行、中国银行保险监督管理委员会（2019）联合发布的《中国小微企业金融服务报告（2018）》指出："我国中小企业的平均寿命在3年左右，成立3年后的小微企业持续正常经营的约占1/3。而美国中小企业的平均寿命为8年左右，日本的中小企业平均寿命为12年。"

有出生就有死亡，这是客观规律，个人和企业都无法规避；喜生而厌死，这是人之常情，企业也与个人相似。对企业生产者而言，降低企业的市场退出风险，延长市场存续时间，有助于企业积累生产实践经验、完善自身存在的问题，成长为具有深远影响、增进社会长期福利的伟大企业。对消费者而言，企业的生存状态会影响消费者的福利：如果企业只是市场交易活动的短期参与者，则它更有可能欺诈消费者；如果企业能够长期生存，那么其对收益可持续性的关心，将会致使它更愿意放弃欺诈行为所带来的短期好处，而选择更为互惠的交易，进而提高所有市场参与者的福利（Kreps，1990；史宇鹏等，2013）。同时，企业的长期生存，也是国家产业持续发展的基础，是社会就业、经济增长等宏观经济目标的重要保障（Holmes et al.，2010）；反之，如果企业寿命太短，不但会对微观从业者和消费者带来诸多不便，还有可能造成大量社会资源的浪费，甚至影响到国家经济社会的长治久安。因此，生存还是死亡，这是一个值得深思的问题：为什么有的企业可以基业长青，有的却昙花一现？哪些因素导致了我国企业的寿命普遍较短？这些因素通过何种机制发挥作用？如何系统性降低我国企业的市场退出风险、增加其存续时间？这些便是摆在我国企业家和学者面前极为重要的问题。

2. 税收负担影响我国企业生存风险的争议

企业管理理论认为，影响企业生存和发展的具体因素可分为两方面：企业自身因素和外部环境因素（Agarwal et al.，2002；惠金礼，2005；高凌云等，2017）。自身因素主要包括经营者特质、行业特征、企业规模、治理结构、经营决策等；外部环境因素包括宏观经济波动、消费者行为、企业经营所面临的金融政策、税收政策等，其中，政府税收政策被广泛认为是影响企业生存风险的重要外部因素之一。

假如企业的"短寿"现象是由自身内部因素造成的，那么这便符合熊彼特"创造性毁灭"的理念，通过优胜劣汰让资源得以在更优秀的企业间重新配置，使得社会的整体生产效率提升，这不失为市场经济长期增长的正常途径；但如果"短寿"现象是由政府税收等政策性、制度性摩擦造成的，那么这种淘汰很有可能无益于整体经济生产率的提升，反而会加剧资源的浪费和总体福利的下降，因此应当引起人们的警觉。

我国自 1978 年经济体制转轨以来，为适应社会和企业发展的需要，税收制度逐步进行了诸多改革：20 世纪 80 年代初，相继出台增值税、营业税、资源税、印花税等诸多法案和条例（俞光远，2008）。1984 年进行了国有企业的"利改税"改革，用征缴所得税的方式取代了以往上缴利润的做法。1994 年推行"分税制"的重大改革，重新划分中央与地方的财税权限，并对增值税和资源税等进行了相应的调整。2007 年进行了内外资企业所得税税制的统一化改革。2008 年，《中华人民共和国企业所得税法》开始施行。2009 年全面推广增值税转型，即由生产型增值税转为消费型增值税。2012 开始"营改增"试点并逐步取消营业税，同期展开了诸多其他的减税降费工作。经过多次重大调整，就我国的税收负担而言，社会各界对宏观税负高低的判断争议不大，普遍认为按国际通行口径计算的我国宏观税负并不高（张侠等，2014；朱青，2017；吕冰洋，2017），但是对微观企业税负高低的判断争议激烈，且长期存在。

　　许多学者、机构和企业家认为，我国企业的税收负担过重，抑制了企业的投资和发展，加剧了生存困难。2010 年，民建中央专题调研组发布的《后危机时代中小企业转型与创新的调查与建议》报告指出，中国中小企业的平均寿命仅 3.7 年，相比之下，欧洲和日本企业的平均寿命为 12.5 年，美国企业的平均寿命为 8.2 年，德国 500 家优秀中小企业有 1/4 都存活了 100 年以上，高额的税费负担严重挤压着中小企业的生存空间①。由中国民主建国会与中国企业家调查系统联合发布的《2011 年千户民营企业跟踪调查报告》显示，超过八成的民营企业家认为税收负担较重（中国企业家调查系统，2011）。2015 年 12 月，《人民日报（海外版）》谈到，我国已进入高税负国家行列，虽然我国长期致力于结构性减税工作，但当前企业的减税空间还很充足②。世界银行的统计数据显示，2013～2017 年我国企业的"总税率"在 67.3%～68.8%，不但远高于美、加、日、韩以及欧盟的发达国家，而且大幅高于越南、俄罗斯等发展中国家③。近年来，随着我国经济发展步入"新常态"，企业的生存与发展面临着转型期的严峻挑战，税收制度的合理性受到了社会的普遍关注和质疑，甚至在 2016～2017 年引发了激烈的"死亡税率"之争，诸多学者呼吁为企业减税（高培勇，2016；周天勇，2016；李炜光等，2017b），中央也先后出台了营业税改增值税、降低小微企业所得税负、下调增值税税率和提高起征点等一系列减税政策，以减轻宏观经济下行对企业经营造成的负面冲击，帮助企业走出经营困境。

　　然而，也有学者持不同意见。王延明（2003）认为，我国企业实际税率远低于名义税率，降低法定税率对降低企业实际税负的帮助有

---

　　① 《民建报告称中国中小企业平均寿命仅 3.7 年，被过重税费压垮》，http：//finance. ifeng. com/news/20101222/3099969. shtml，2010 年 12 月 22 日。

　　② 《结构性减税仍是明年改革"重头戏"》，http：//paper. people. com. cn/rmrbhwb/html/2015－12/07/content_1638951. htm，2015 年 12 月 7 日。

　　③ 世界银行的"总税率"概念，是以企业所承担的所得税、劳务税及其他强制性缴费之和与企业的商业利润之比作为衡量标准。世界主要国家的总税率数据，可见附表 1。

限。吕冰洋等（2008；2009）认为，我国除金融行业外的企业部门税收负担并不重；我国税收收入主要由间接税构成，由于税负便于转嫁，税收高速增长对企业净利润的影响不大，增加的税收主要由居民部门承受。这与刘金东等（2017）的观点一致，后者认为，表面上中国企业税负高，实际上企业只是纳税人而非负税人，并提供实证证据，证明"'死亡税率'的观点是站不住脚的"。钱金保等（2018）认为世界银行关于中国"总税率"的计算结果高估了中国企业的平均税率，与中国经济长期的高增长现象相矛盾；统计结果显示，2016年中国企业平均税费负担约为36.76%，在国际上处于中等水平，"死亡税率"言过其实。刘尚希（2017）认为，在我国企业的总成本中，税收成本占比较低，减税对改善企业经营成本的影响"杯水车薪"。

毫无疑问，税收政策是政府调控宏观经济、影响微观企业和社会个体行为的常用和重要手段，国外已有不少研究证明，一个地区的税收政策，能够显著影响该地区的企业进入率、退出率等指标，但遗憾的是，税收政策对国内企业生存风险影响效果的经验分析尚存争议，量化实证研究近乎空白，这势必导致政府在为改善企业生存环境而设计税改政策时，缺乏具有充分说服力的直接证据，从而导致政策出台过程难免存在一定的盲目性，有可能带来社会资源的错配和浪费。当前影响我国企业生存风险的主要因素有哪些？税收负担是否确实是不利影响因素之一？相比于其他因素，税负因素的影响是否更严重、更迫切需要解决？其影响程度，在不同类型的企业之间有无差别？要解决这些问题，就必须在全面分析当前我国企业生存风险主要影响因素的基础上，准确、量化地检验税收负担对各类企业的影响程度，分析传导机制，从而为提高政府税收政策的针对性和可操作性，提供更充分的理论和经验证据。

1.1.2 研究目的

本书主要试图解决四方面问题：第一，理论分析税收负担对企业生存风险的影响机制，并用规范的实证方法验证这种机制。第二，利用大样本微观企业数据，量化考察税收负担变动对我国企业市场退出风险率和市场存续时间造成的平均影响效果，并从企业的所有制性质、产业类型、规模、经营时间、所属地区等特征维度入手，量化检验税收负担对不同类型企业的影响是否存在显著差异。第三，检验不同税种税负带给企业生存风险的影响效果是否存在差异，从维护企业生存的视角解释当前我国以间接税为主体的税制结构是否合理。第四，构建更为全面的我国企业生存风险解释和预测模型。虽然当前已有一些文献分别从企业规模、全要素生产率、金融约束、进出口行为等角度对我国企业的生存风险进行过解释，但这些文献零散而不够系统，本书将在吸取既有文献研究经验的基础上，结合政府与企业行为特征、宏观经济状况、制度环境等因素，构建新的企业生存风险实证模型，以期在更全面解释我国企业"短寿"现象成因的同时，为预测现有和未来我国企业的生存风险打下基础。期望通过上述研究，可以为政府科学制定帮扶企业生存、促进经济转型升级的税收政策与其他配套措施，找到更直接、更充分的理论和实证依据，以及新的政策着眼点。

1.1.3　研究意义

1. 理论意义

（1）拓展税收微观经济效应的理论研究。长期以来，税负对企业生存风险存在单调线性影响的观点在学界和社会舆论中占据主导地位，即主流观点认为，税收负担的提高会导致企业的市场退出风险上升。但本书通过对传统税收理论的梳理和进一步延伸分析发现，这一观点并不全面，认为税负对企业生存风险存在非单调线性影响效果的可能性，而投资行为是传播这种影响的中间渠道。本书将在理论分析的基础上，通过大样本企业数据和规范的实证方法验证这种理论，为税收的微观经济效应理论做出一定的局部拓展。

（2）为我国企业税负、税制结构合理性的理论争议提供直接的经验证据。正如前面所言，长期以来，学界对我国税负是否抑制企业生存的判断存在明显分歧，同样的分歧也存在于对当前税制结构合理性的评判上。但遗憾的是，到目前为止，对这些问题的争论基本停留在规范性分析的层面，量化的实证研究几乎空白，很难讲清楚到底什么水平的税负才算合理。本书应用企业生存分析方法，量化检验我国税负与税制结构对企业市场退出风险率和平均存续时间的实际影响程度，估算有利于降低企业生存风险的最优税负，既可以为上述理论争议提供最直接的经验证据，也可以为最优税负理论提供一种新的观察视角和检验方法。

（3）丰富我国企业生存风险的学术研究。国内有关企业生存风险影响因素的实证研究很少，零散分布在融资约束、出口行为、研发创新等少数影响因素的考察上。本书是聚焦税收政策对企业生存风险影响效果的计量实证文献，无疑对企业生存风险领域的研究具有较大的文献补充价值。同时，本书将在充分吸取已有文献经验的基础上，构建比已有文献更为全面的企业生存风险影响因素模型，并利用大样本企业数据拟合这一模型，所得的实证结论对我国企业生存风险成因的解释力度相对更为全面、更为精确。因此，无论是观点还是研究方法，本书均对我国企业生存风险理论的完善具有可借鉴价值。

2. 实践意义

（1）对政府而言，本书可评估税收负担、税制结构对企业市场退出风险、存续时间及投资行为的实际影响效果，以及对不同类型企业的影响差异，由此针对性地提出未来我国税制改革的政策建议；同时，本书的实证检验部分也将涉及政府补贴、金融环境、引进外资程度等其他因素对企业生存风险的影响，为政府调整其他政策措施、全面营造更好的营商环境提供参考依据。

（2）对企业而言，本书将有助于我国企业管理者全面、量化了解企业生存风险的影响因素，进一步理性认识政府帮扶政策，尤其是税收优惠政策的有效性和局限性，方便进行企业生存风险管理诊断，为进一步提高企业的市场生存能力探明努力方向。

（3）对潜在创业者而言，本书可以对不同行业、规模、地区的企业退出风险和市场存续时间进行预测评估，从而有助于他们的创业决策。

1.2　研究思路与内容

1.2.1　研究思路

本书以现实问题为导向，以微观企业和税收政策为研究对象，将企业税负、投资行为、生存风险纳入统一的研究框架,进行理论分析和实证检验,以考察税收负担对企业生存的影响程度,以及投资行为途径在这一影响过程中的渠道作用,具体研究思路如下。首先,通过对社会现象的观察和对文献的学习提出核心问题:税收负担对我国企业的生存风险到底造成了什么样的影响?其次,对国内外既有研究成果进行梳理和总结;在借鉴经验的基础上,提出企业税收负担、投资行为、生存风险三者关系的理论框架,作为后续实证研究的基础。再次,利用大样本企业数据,进行统计分析和生存风险模型的实证检验。最后,针对性地提出政策建议。具体如图 1-1 所示。

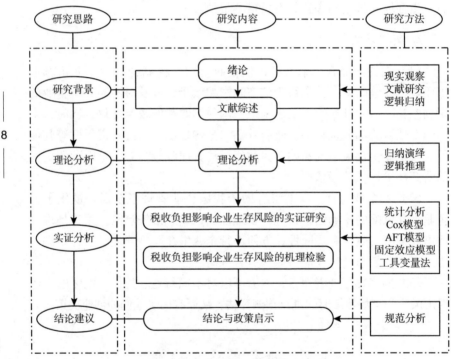

图 1-1 研究思路、内容与方法框架

1.2.2 研究内容

本书从我国市场上普遍存在的企业高退出率、低寿命现象出发,以长期以来颇具争议的企业税收负担问题作为切入点，系统梳理当前国内外学者在相关领域的研究文献。在此基础上，首先从理论上分析税收负担对企业生存风险的影响机制；其次借助大样本微观企业面板数据，对我国规模以上工业企业的税收负担和生存风险指标进行统计分析，以厘清企业税负实际状况及变化趋势；再次，实证检验税负对企业生存风险的影响程度，并验证企业投资行为在二者之间的渠道作用；最后，针对性地提出政策建议。本书共分五部分，具体安排如下：

第一部分，绪论，包括第 1 章。该部分是对全书布局的战略性构想，阐述选题背景、研究目的及意义，介绍研究思路与内容，以及基本概念的界定，并对书中可能存在的创新点与不足加以说明。

第二部分，文献综述，包括第 2 章。分别对企业税负、投资行为与生存风险三者之间关系的既有文献进行全面梳理和总结。

第三部分，理论分析，包括第 3 章。从理论上分析税收负担对企业生存风险的影响机制和效果，重点分析投资行为的渠道作用，即税负如何通过对企业投资行为这一渠道的影响，进而影响企业的生存风险。三者逻辑关系的理论分析，形成后续实证研究的基本框架。

第四部分，实证分析，包括本书的第 4 章、第 5 章。其中，第 4 章是在对企业税收负担、生存风险指标进行量化统计分析的基础上，构建企业的退出风险预测模型和市场存续时间影响因素模型，实证检验税收负担、税制结构对企业生存风险的总体影响，以及对不同类型企业的影响差异。第 5 章验证了企业投资行为在税收负担影响企业生存风险过程中的渠道作用，主要按照以下三段路径进行实证验证：税收负担对企业投资行为影响的检验；投资行为对企业生存风险影响的检验；税收负担、投资行为、生存风险三者的联合检验。

第五部分，研究结论与政策启示，包括第 6 章。依据上述理论分析与实证研究，总结本书的研究结论，提出具体的政策建议，以期提高政府政策、尤其是税收政策的针对性和可操作性。

1.3 概念界定

本书重点考察税收负担对企业生存风险的影响，以及投资行为因素在这一影响之间的渠道作用，因此最重要的概念包括企业的税收负担、生存风险和投资行为。

1.3.1　企业税收负担

税收负担，是指纳税人或负税人因税收而承受的福利损失或经济利益的牺牲；企业税收负担，反映的是企业缴纳的税款与企业总体生产经营成果之间的相互关系（钱淑萍，2005）。既有文献对企业税负的度量，有些采用法定的名义税率，有些采用企业的有效税率（Effective Tax Rates，ETRs，或翻译为实际税率），考虑到后者能更好反映企业收益在政府和企业之间的实际分配关系，本书参考施蓬纳（Spooner，1986）、刘慧龙等（2015）、申广军等（2017）文献，采用企业的有效税率来衡量税负大小。

实证研究中，具体涉及企业的综合有效税负、企业所得税有效税负、增值税有效税负等指标。关于这些指标的计算，由于我国税制中不同税种的税基不尽相同，导致不同文献在度量企业税负时选择的基数也存在很大差异，并不统一。本书将全面借鉴既有文献，分别采用"Tax_1 = 应交税额/主营业务收入""Tax_2 = 应交税额/利润总额""Tax_3 = 应交税额/工业销售额""Tax_4 = 应交税额/工业增加值""Tax_5 = 应交税额/营业收入"5 种方法计算企业的有效税负，并分别进行实证检验，综合这些指标的实证结果进行结论稳健性的判断，以克服每一种度量方式可能存在的缺陷。详细的度量说明见第 4 章。

1.3.2　企业生存风险

企业生存，意为企业成立之后，能够持续经营而不退出市场的状态（Hannan et al.，1988；Suárez et al.，1995；逯宇铎等，2013）。企业生存风险，即企业在存活至某一时刻时，所面临的退出市场的即时概率（陈强，2014；黎日荣，2016）。在生存分析法（Survival Analysis）中，常用"风险率"（Hazard Rate，又称风险函数）这一指标进行衡量，风险率的取值介于 0（无死亡风险）与 +∞（必死无疑）之间，其本质是在大样本条件下，计算企业可能退出市场的条件密度函数，用 $h_i(t)$ 表示在时间 t 上企业 i 可能退出市场的风险率，则有 $h_i(t) = \lim_{\Delta t \to 0} pr(t \leqslant S \leqslant t + \Delta t \mid S \geqslant t)/\Delta t$，其中，S 为企业 i 的市场存续时间。采用该指标作为企业生存风险的衡量方式，已成为当前企业生存风险研究领域的通行做法（如毛其淋等，2013；于娇等，2015；鲍宗客，2016 等），本书也将采纳。风险率的详细计算说明见第 4 章。

1.3.3　企业投资行为

投资是企业家为了维持与扩大生产规模，运用闲置资金助推企业发展的经济活动，是企业获取利润并最大化股东财富的主要方式，有利于资源的优化配置（卢剑峰等，2016）。按投资对象的不同，可分为生产经营性投资、股权投资、证券投资等。本书所指的投资专指企业的生产经营性投资，不考虑企业的非生产性投资。本书通过考察企业投资行为的渠道作用，验证企业税负对企业生存风险的影响路径，这里的"投资行为"，既包括企业投资的规模，也包括企业投资的产出效率。

投资规模，是指企业进行以盈利为目的的资本性支出的量（刘红霞等，2011）。投资规模可为企业形成有形资产和无形资产，其中，有形资产投资构成了企业生产经营活动的物质基础。由于无形资产投资度量的复杂性和数据可得性的限制，本书第 5 章的实证分析部分，分别从企业新增固定资产规模和劳动力投资规模等有形资产规模的角度，考察企业投资规模的变化。详细的度量说明参见第 5 章的变量说明部分。

投资的产出效率，是指企业投资所取得的有效成果与所消耗或占用的投入额之间的比率，也就是企业投资活动所得与所费、产出与投入的比例关系。投资效率的高低可以反映企业投资的利用状况（王坚强等，2010）。本书参考申广军等（2016）、宋丽颖等（2017）等的方法，分别采用资本产出效率和劳动产出效率作为投资效率的衡量变量，其中，资本产出效率 = 工业增加值/固定资产存量，劳动产出效率 = 工业增加值/职工人数。详细的度量说明参见本书 5.1 节的变量说明部分。

1.4　研　究　方　法

本书涉及企业管理学、公共经济学等学科，研究过程将理论分析与政策分析相结合、规范分析与实证分析相结合、定量分析与定性分析相结合，理论分析重点在于税收的微观经济效应，力求前提假设与现实状况相吻合，实证分析则充分借鉴既有文献的经验，力求实证过程的细致与完整，政策建议则建立在严密的理论和实证分析的基础上，力求政策的科学性、可信性与可行性。具体而言，本书主要采用文献研究方法、生存分析方法、比较分析法等方法。

首先，在提出问题时，使用现实观察、文献研究、逻辑归纳等方法，基于社会现象和现有文献提出研究问题。

其次，在分析问题时，主要采用理论逻辑推理和计量实证研究相结合的方法。理论分析中，采用文献梳理、归纳演绎等方法对企业生存的依据和税收的微观经济效应进行理论分析；统计分析中，也会涉及国际经验的比较；企业生存风险计量模型的构建中，主要用到 Cox 比例风险模型和加速失效时间模型（Accelerated Failure Time Model，AFT 模型），分析税收负担等各项指标对企业退出风险和市场存续时间的影响效应；企业投资行为计量模型的构建中，主要用到双向固定效应分析、面板工具变量法、两阶段最小二乘法回归等方法。

最后，解决问题时，采用规范分析方法，对我国税制的优化和企业生存环境的改善提出改革建议。

1.5　创新点与不足

1.5.1　创新点

1. 提出并验证了税收负担对企业退出风险存在"U"型影响的理论

既有文献普遍认为，企业税负会对投资规模和生存风险带来单调线性影响，即企业税负的提高，会导致其投资规模下降、退出风险增大。本书的理论分析和实证结果证明：在其他因素不变的情况下，随着企业税负的逐步提高，会对其投资规模带来先提高后降低的倒"U"型影响；会对其退出市场的风险率带来先抑制后增强的"U"型影响。这是因为在低税负阶段，随着企业税负的逐步提高，企业家为了减少由此带来的收益下降，首先会考虑适当扩大投资规模或者改善投资产出效率，以对冲税负对企业经营带来的不利影响，而投资规模的扩大与投资产出效率的提高，均会降低企业的退出风险；但当税负提高到一定程度后，继续采取上述措施的成本逐步增大，所以企业家宁愿降低生产性投资，甚至退出市场，从而表现为企业退出市场的风险率迅速上升。

2. 量化检验了税收负担对我国企业生存风险的影响程度

虽然长期以来，税收负担对我国企业生存的影响一直是社会各界激烈讨论的热点话题，但以往文献基本停留在经验上的定性判断层面，规范的因果检验较少，定量分析尚属空白。本书将 Cox 比例风险模型、AFT 加速失效时间模型等生存分析方法引入对该问题的研究，通过对 47 万多家企业、109 万多条面板观察值的回归分析，规范检验了税收负担与企业生存风险之间的因果关系，量化考察了税负对我国企业生存风险的影响程度，以及对不同类型企业的影响差异，计算了最优税负，填补了国内对该问题计量实证研究的空白。本书的实证结果显示，影响我国企业生存风险的最优税率，以"本年应交税额/主营业务收入"计算，平均约在 6.95%；以"本年应交税额/营业收入"计算，平均约在7.00%；由于我国大多数企业的实际税负长期明显低于法定税率，以"本年应交税额/主营业务收入"计算，平均约为 4.65%，因此在整体上，我国企业实际税负并未抑制其生存与投资。然而，在劳动密集型等部分类型的企业中，实际税负已经表现出了显著的抑制效果，存在结构性减税的必要性。这些结论有助于全面、理性看待我国企业税负的基本状况，有助于提高未来税制改革的政策针对性和精确性。

3. 实证检验了不同税种税负对企业生存风险的影响差异

本书实证检验了直接税和间接税对企业生存风险的影响差异，国内既有文献中鲜见对该问题的实证研究。本书结果显示，假如政府想向企业征收固定额度的税收，与增值税等间接税相比，以企业所得税等直接税的方式实现，会对企业的生存风险造成更为剧烈的影响，企业对直接税的承受能力相对更弱。以"本年应交税额/主营业务收入"所计算的最优企业所得税税负平均约为 3.77%，最优增值税税负平均约为

5.24%。这些结论有助于进一步深化对税制结构问题的认识，为评判我国当前税制结构是否合理提供了新的直接证据。

4. 构建了更为全面的我国企业生存风险解释和预测模型

当前国内关于企业生存风险问题的实证研究总体较少，零星散布于对企业内因、外贸、融资约束等因素的分析上，不足以反映企业生存风险影响因素的全貌。本书在构建 Cox 比例风险、AFT 加速失效时间等企业生存风险解释模型时，不但借鉴既有文献，考察了企业基本信息、财务状况、政府政策等指标的影响，而且纳入了企业所在地的市场环境指标，检验了地区用工成本、市场化程度、金融自由度、引进外资程度等因素对企业退出风险的影响。结果发现，地区用工成本与企业退出风险显著正相关，地区市场化程度、金融自由度、引进外资程度与企业退出风险显著负相关。由于指标选取比既有文献更为全面，因此，构建的企业生存风险解释和预测模型对现实的解释力度也会相对更强。

1.5.2 不足之处

1. 实证数据带来的局限

由于数据可得性和生存分析法的特殊性，国内在企业生存风险领域的实证文献（如毛其淋等，2013；于娇等，2015；鲍宗客，2016；张训常等，2019；郭晶和周玲丽，2019；刘晔和张训常，2021），普遍采用"中国工业企业数据库"1998～2008 年的数据，难以利用其他数据库。本书的实证部分也只能采用工业企业数据库，其中基准检验采用的是1998～2008 年的数据，稳健性检验使用了 2011～2013 年的数据。该数据库具有样本量大、指标多、面板时间跨度长、保留较为完整的企业税收和资产数据等诸多优势，但同时也使本书存在两个遗憾：一是数据时间较早，似乎难以完全满足我们与时俱进、密切关注最新状况的强烈愿望；二是虽然该数据库具有较为详细的企业缴税信息，但未统计企业承担的大部分行政收费信息，导致本书只能实证检验税收负担带给企业的影响，难以全面检验税、费负担带来的综合影响；只能对国家的税收政策提出建议，难以对行政性收费政策提出建议。

就第一个遗憾而言，其本质是变量随着时间变化可能导致的实证结果不稳健问题。对此，第一，本书在实证过程中力求实证方法规范，尽可能多地控制其他因素随时间变化对税收政策效果造成的干扰。相比于我国企业生存风险领域的其他实证文献，本书在控制变量选择方面更为全面；同时，采用工具变量法与两阶段最小二乘法等实证方法避免遗漏变量等内生性问题的干扰，这些措施一定程度上有助于降低其他因素随时间变化而对税收政策影响效果的干扰。第二，本书的主要目的是寻找一般性的理论规律，有别于仅做某个时点政策效果评估的研究。对一般性理论规律的研究而言，计量实证内容的作用主要是当作论据用于支撑理论，假如理论是成立的，则其对数据时限的依赖性并不强，这类研究对实证数据时限性的要求并不苛刻。正因为如此，直到今天，经济学类的大量理论性研究文献依然在使用早期历史数据。考虑到工企数据库具有庞大的样本量、全面的企业分布、较长的时间跨度等特点，本书认为，通过大样本数据验证的税负对企业生存风险的非线性影响这一基本理论，以及税负在异质性企业之间的差异性影响、税制结构对企业生存风险的差异性影响等其他理论结论，均具有一般性的意义。当然，笔者会在未来研究生涯中，努力寻找更新的数据，对本书的研究结论进行不同时期的稳健性检验。

就第二个遗憾而言，由于本书在对既有文献梳理时发现部分学者、企业家、媒体和社会舆论对企业税收问题本身就存在有误或有分歧的看法，因此，如果仅从企业税负角度进行研究，确实已经可以揭示不少有价值的结论，有助于纠正社会对企业税收政策实际效果的误判，但是考虑到除税收之外的其他行政性收费也是我国企业负担的重要组成部分，并长期受到社会舆论的关注，因此，作为一个财政领域的研究者，自然更期望能够同时检验税收以外的其他收费对企业经营的影响，以期对国家的企业政策提供更为全面的建议，但这在当前的数据可得性环境下未能实现，有待于未来对企业其他缴费数据的大范围、长期、细致调研，这也是笔者未来研究的努力方向。

2. 研究设计的局限

本书的研究设计，本质上是一个封闭环境下的研究设计，只研究了我国国内企业税负变化造成的影响，未研究国外企业税负相对变化对我

15

国企业生存风险的冲击。现实中，由于部分投资资本可以跨国流动，导致一国税负对国内企业投资和生存风险的影响，往往会受到外国企业税负政策变动的干扰。但由于既有数据可得性的限制，以及笔者能力的限制，在研究设计时，并未找到控制外国企业税负相对变动影响效果的理想方案，因此，难以检验诸如美国实施大规模减税等外围突发性税改事件对我国税负影响企业生存风险所带来的冲击，这也是本书的遗憾之一，也是笔者未来研究需要努力的方向。

第 2 章　文 献 综 述

正如前面所言，本书的主要目的是研究税收负担对企业生存风险的影响，以及投资行为在二者之间的渠道作用。本章将全面梳理国内外已有的相关研究成果，汲取其思想精华，借鉴研究方法，以期在此基础上，推进本书的研究。围绕研究主题，本章将分 4 节进行文献梳理：2.1 节，梳理税收负担对企业生存风险影响的文献；2.2、2.3 节，梳理投资行为在税收负担和企业生存风险之间渠道作用的文献，具体而言，2.2 节主要梳理税收负担影响企业投资行为的文献，2.3 节是关于投资行为影响企业生存风险的文献；2.4 节，是文献综评。

2.1　税收负担影响企业生存风险的文献综述

2.1.1　国外相关研究

新古典经济学认为，企业是在技术和资源约束下追求利润最大化的组织，企业存在和成长的根本原因是生产者出于对利润的追求。从这个角度讲，在企业生产过程中向原材料征税会提高企业的生产成本，进而降低企业利润；向商品和企业所得征税，会降低企业的边际收益。因此，无论政府以何种方式征税，均会降低企业的利润、加大企业的退出风险。卡特勒（Cutler，1988）、蔡等（Cai et al.，2011）、摩尔（Moll，2014）等的研究均认为，政府对企业课税的提高会加大企业的经营成本，导致企业的生存受到抑制。库伦等（Cullen et al.，2007）认为，当企业家从事企业生产所得到的边际收益小于其从事被雇佣工作的工资时，企业家就会决定让企业退出市场，并以此建立了较为一个较为完整的理论模型，将企业所得税和个人所得税纳入分析。

实证研究方面，德弗罗等（Devereux et al.，1998）利用前瞻性有效平均税率度量税收激励，发现英、法、德三国的平均税率降低，改善了企业的经营环境，有利于企业的生存。布朗等（Brown et al.，2005）实证检验了小规模企业生存与发展的影响因素，认为过重的税负可能削弱企业的投资和再生产能力，成为企业成长路上的绊脚石；而企业的逃税、漏税行为又会提高企业的经营成本，进一步抑制企业成长。萨吉瑞（Sagiri，2008）的实证分析表明，降低企业家的资本所得税会促进投资和新企业的进入。但库伦等（2007）利用美国创业者的税收数据测算了税收激励对企业进入的影响，发现降低企业所得税对企业进入几乎没有影响。菲斯曼等（Fisman et al.，2010）利用乌干达企业的税收数据研究发现，企业税负的高低会显著影响其投资行为，高税负最终不利于企业的发展。德琳等（De Rin et al.，2011）利用17个欧洲国家的面板数据研究发现，税收激励对企业的生存风险存在非线性影响——只有当平均有效税率低于某一阈值时，降低税率才会有利于企业生存。

2.1.2 国内相关研究

关于税收负担对企业生存的影响，一直是我国学界和企业界关注的热点话题。

大多数文献认为，我国企业税收负担较重，并已经对企业的生存和发展造成了不利影响，减税有利于降低企业的经营风险。吴祖光等（2011）认为，减税是改善企业环境、促进产业升级的有效路径。张同斌等（2012）采用可计算的一般均衡（Computable General Equilibrium，CGE）模型，通过理论分析认为，税收优惠通过影响企业投资和消费者需求两条途径，有效促进企业的产出。该文献虽然针对的是高新技术产业，但理论分析有较为普遍的适用性。庞凤喜等（2016）认为，税费负担会影响企业的生产成本与存留利润，进而影响企业的产品竞争力与再生产的能力，对企业存亡而言无疑非常重要。闫甜等（2016）认为，税收负担直接影响企业的净盈利能力、资本积累能力、扩大再生产能力和国际竞争力，并以世界银行公布的172个国家和地区2005～2015年的企业税收负担数据为依据，指出：截至 2015 年，以利润为基数计算的我国企业税负比世界平均水平高出 61.27%，比亚洲平均水平高出一倍以上。因此，闫甜等（2016）认为，在国际税负逐渐趋同的今天，我国应该大力减税。刘蓉（2017）认为，高税率是经济增长的"抑制剂"，我国企业税负普遍偏高，降低企业所得税会增加企业的税后利润，这既有助于吸引投资，又有助于企业加大研发投入，形成良性循环，从而有利于企业的生存与发展。李旭超等（2018）认为，在经济新常态下，"减税降负"以激发企业活力，是推动经济发展的重要举措。

与大型企业相比，中小企业往往面临更多的经营困难，中小企业的税负问题引起了更多学者和机构的关注。郝臣（2006）认为，对中小企业的税收减免政策，有助于促进和支持中小企业的成长。刘成龙（2011）认为，我国中小企业的寿命较短，与我国企业所得税亏损弥补政策有一定的关系。黄朝晓（2011）介绍了俄罗斯、巴西等国的小型企业税收政策，认为我国小型企业名义税负较重、实际税负不均衡，建议政府出台更多帮助小型企业发展的减税政策。赵惠敏等（2012）、周煊等（2012）、周波（2013）、袁隽媛（2013）等均认为，减税有助于优化企业成长环境、保持小微企业的生机活力，防止大规模倒闭。庞凤喜等（2016）认为，我国小企业经营尤为不易，税费负担过重更容易绞杀其活力，造成因无利可图而倒闭的严重局面。此外，高凌江等（2012）、李红等（2013）、张斌（2015）、张焕平（2017）等均指出，良好的税收政策有利于保护中小企业的生存和壮大，我国中小企业的税费负担较重，享受的减免和补贴政策较少，生存压力较大，呼吁加快税费改革步伐，增强税收服务，切实降低中小企业的税费负担。

随着我国经济步入下行轨道，社会上对较高税负合理性的质疑声音越来越多，不少学者和企业家认为，大力度减税措施的出台已经迫在眉睫，这种观点，一度引发了 2016～2017 年"死亡税率"话题的广泛争论。该话题始于 2016 年底学者李炜光提出的"死亡税率"的说法，其团队经过对四省份 100 余家企业的问卷调查和走访座谈，得出我国企业的税费负担过高的结论，"企业的总体税负达到 30%～40%，就有可能导致企业留利过低，失去投资和创新的能力"，过高的税负对企业意味着死亡，相应的税率或可以叫"死亡税率"（李炜光等，2017b；朱珍，

2017）。不过，李炜光同时强调，"死亡税率"并不能作为一个严谨的学术概念。随后，高培勇（2016）、周天勇（2016）、马光远（2016）、张曙光（2017）、冯兴元（2017）等先后发表评论，基本认同李炜光的看法。高培勇（2016）认为，虽然我国的宏观税费负担在国际上仅处于中等偏上水平，但我国的税费负担大约90%都是由企业在承担，自然人居民负担的比例很小，因此，我国企业税负畸重、间接税税负畸重，在国际上属于较高位次。周天勇（2016）认为，中美的制造业成本相差无几，"死亡税率是必须要解决的，否则企业全跑了"。马光远（2016）认为，我国企业的税收负担已临近企业"死亡线"，高于世界上许多国家，"根据中国经济和中国企业的生命周期，中国经济在目前本不该如此艰难，但在重税主义的重压下，活着已经不易，何谈未来？"张曙光（2017）认为，不论是从绝对税负还是相对税负角度，中国的现行税制都是一种重税模式，这会影响企业投资的积极性，导致资本外逃。冯兴元（2017）认为，中国民营企业的惨景，是面临着"死亡税率"和"死亡利率"的双重威胁，应该减税或者全面推行低税模式。曹德旺[1]、宗庆后[2]等企业家也先后指出，当前我国企业所承担的税费负担较重，已经对企业的投资与生存造成了不利影响。

也有学者对上述观点表示质疑或反对，认为"死亡税率"的提法与事实相违，并对减税持审慎态度。杨志勇（2016）认为，现实中大多数企业还健在，这是客观事实，如果要坚持"死亡税率"成立的说法，"那只会得出多数企业都靠逃税才能过日子的结论，这显然不符合事实"；认为"死亡税率"是假，但中国的税制需要一次根本性的改革，应该简并增值税税率、降低企业的间接税负担。李万甫（2016）认为，有关媒体报道"死亡税率"是我国经济持续低迷的真实原因，这一结论不符合事实，严重误判和低估了导致经济下行压力的深层次原因；实际上，导致经济增速下滑的原因非常复杂，既有体制因素，又有制度因素，也有市场环境变化的因素，企业税负因素的影响程度尚难简单评价，须审慎对待。刘尚希（2017）通过中国财政科学研究院2016

---

① 《中国税负比美国高35%》，http：//news.sohu.com/20170118/n478991034.shtml，2017年1月18日。

② 《实体经济税费比较高》，http：//finance.stockstar.com/IG2016121400001954.shtml，2016年12月14日。

年对 12 省份的调研和全国网络调查数据的分析发现，企业总的生产成本的确较高，但主要是由于人工成本、用能成本、物流成本、融资成本、制度性交易成本等造成的，税收成本在综合成本中占比很低，约为 6%，且呈逐年下降势态，这种情况下，即使对企业完全免税，作用也可以忽略。李文（2017）也持有类似的观点，也认为税收成本只是企业总成本中很小的组成部分，企业决策者和政府管理者应将视线转移到企业的其他成本上。钱金保等（2018）通过对 2010～2016 年 7 个非农行业数千家重点税源企业的税务与财务数据的分析发现，2016 年企业平均税费负担为 36.76%，即在企业创造的 100 元税前利润中，税费合计占了 36.76 元，企业所得占 63.24 元，这在国际上处于中等水平，"死亡税率"言过其实。

有学者指出，中国企业的名义税负虽高，但实际税负并不高。范子英（2016）经过大样本企业数据计算发现，企业所得税税负平均仅为 13%～15%，很多企业的企业所得税为 0，我国企业的实际税负并不高，企业的压力在需求侧，不在供给侧，因此，对企业减税并不能有效缓解其困境。这一观点与王昉（1999）、石恩祥等（1999）、王延明（2003）的观点比较接近：王昉（1999）通过对 525 家上市公司的税费分析发现，平均企业所得税负为 16.07%，远低于当时我国 33% 的法定税率；石恩祥等（1999）调查发现广东省各类企业的平均税负为 7%，企业的流转税税负和所得税税负均低于法定税率，虽然企业的总体负担较重，但税收负担不重；王延明（2003）通过对 1994～2000 年上市公司企业所得税的统计分析发现，上市公司的税收优惠程度非常高，降低最高法定税率并非紧迫之举，且对企业的影响效果可能有限。这些研究的时间跨度较长，这似乎表明我国企业实际税负低于法定税负是一个长期现象，上述学者均主张政府部门在制订税收相关政策时，重点应放在现有税费制度的规范上，而不是减税上。

国内的计量实证研究方面，已有不少文献利用生存分析法研究了腐败寻租、政府补贴、外商投资等非税因素对企业生存风险的影响程度，如魏下海等（2015）、许家云等（2016）、高凌云等（2017），但是直接研究税收负担对企业生存风险影响程度的文献尚未见到。有一些文献在实证检验税负对企业其他行为的影响时，会顺带进一步简单推理税负对企业生存的影响。例如，周天勇（2009）对我国部分省市的税负和企业数量统计分析发现，高税费抑制了个体户、微型和中小企业的发展，抑制了服务业的发展，并呼吁政府全部收入占 GDP 的比率应牢牢控制在 25% 以下。乔睿蕾等（2017）利用 2011~2015 年非金融上市公司的面板数据，评估了"营改增"的政策效应，认为这一政策通过降低企业税收负担，改变了企业的现金流量，降低了企业成本，释放了企业活力，引导企业合理配置资源，有利于企业的生存与发展。张璇等（2017）认为，我国约为 90% 的宏观税收是由企业部门承担，高税负成为阻碍企业成长的"抽血机"，严重抑制了企业的生存与发展并利用 2005 年世界银行对中国企业的调查数据验证了高税负对企业成长的抑制作用。

一些文献探讨了企业税收负担对绩效的影响：行伟波（2013）随机抽取"中国工业企业数据库"2007 年的 999 家企业样本，通过回归分析发现企业的实际税负会影响企业绩效。不过该研究的结果并不稳健，且缺乏内生性问题的解决机制。史达等（2013）通过问卷调查的数据研究发现，税负感会对小微企业的创业绩效产生负面影响。柳光强等（2015）采用信息技术和新能源产业上市公司的数据，检验了财税优惠政策对企业总收益和净利润的影响，结果发现财政补贴和税收优惠均有助于提高企业的收益。蔡昌等（2017）利用 2008~2013 年 A 股上市公司的数据，实证检验发现，税收负担与企业财务绩效具有显著负相关性，税负的降低会提升企业财务绩效。然而，李香菊等（2014）的研究结论与其有明显差别，通过对中国采矿业企业数据分析发现，企业所得税税负的变动，对企业绩效的影响不显著，基本不影响企业生存状况。

也有学者进行了税收负担对企业市场价值的实证研究。刘行等（2012）通过对 1998~2010 年 A 股上市的国有企业的研究发现，地方政府管理的国有企业税负的降低能显著提升其市场价值，并促进累积超额回报，但税负对中央管理的国有企业的价值影响不明显。车菲（2013）研究认为，企业税收负担与企业价值显著负相关，税负的提高会降低企业的未来价值。另外，融资决策是税收负担对企业价值产生影响的重要渠道，起到显著的中介效应。杨杨等（2014）利用中小板上市公司的数据，分析了我国中小民营企业税负对企业价值的影响，结论是：中小型民营企业当期税负的降低，不仅能促进当期企业价值的增加，也能促进下一期企业价值的提升，因此，减税可以促进企业可持续发展。张莹等（2016）利用 2002～2013 年上市公司数据，研究了税收激励对企业投资结构的影响，同时检验了我国 2008 年企业所得税改革对企业价值的影响，结果发现 2008 年企业所得税下调的政策对企业价值具有正面促进作用，但这种作用仅限于东部民营企业，对国有和中部、西部企业没有显著影响，分析其原因认为可能与国有企业及中部、西部地区的基础制度建设有关。

另外，还有些文献指出，不同的税种形式对企业生存的影响也会存在差异：蒋小平等（2013）认为，与间接税相比，直接税更有利于中小企业规模的扩大，这是因为企业所得税等直接税只在企业实现利润或资本利得时才会征收，当盈利不足时减免，相当于政府与企业共同承担了经营风险，但增值税等间接税的征收，不考虑企业是否赢利、能否存续。高培勇（2016）、张金昌等（2017）也持有相同观点，他们在认同我国企业税负总体偏高、给企业生存带来压力的同时，更强调间接税对企业的伤害，认为间接税是一种刚性成本；张金昌（2017）进一步强调，这种成本在企业利润持续下降时，"会成为压垮骆驼的最后一根稻草"，因此，他主张在为企业减税的同时，改变当前我国以间接税为主的税制结构，提高直接税比重。李旭红（2016）利用 2012 年创业板公司数据，实证检验了中小企业税收负担与企业成长性之间的关系。结果发现，以增值税为代表的流转税税负与以企业所得税为代表的直接税税负，对企业的成长能力造成了差异性影响：增值税税负与企业成长能力负相关，但企业所得税税负与企业成长能力正相关，即企业所得税税负越高的企业，反而表现出更高的成长能力。

从上述文献可以看出，大部分学者的研究认为，税收负担的降低，有利于增加企业现金流量、降低生产成本、提高企业的绩效和市场价值等指标，有利于降低企业的退出风险。但是，也有个别文献结果显示，税负的变动对企业的绩效和生存没有带来显著影响；还有文献认为，税负对不同企业的影响存在差异，不同税种税负对企业的影响也存在差异。这反映出，学界关于我国税收负担对企业生存风险影响的认知，不但在经验判断上存在较大争议，而且在计量实证结果上也未达成一致，有待进一步的研究验证。

23

2.2 税收负担影响企业投资行为的文献综述

关于税收负担对企业投资行为的影响话题，一直是经济学关注的热点。大多数文献关注的是税负对企业投资规模的影响，而关于税负影响投资产出效率的文献则相对较少。

2.2.1 国外相关研究

亚当·斯密在《国富论》中提出，企业税负的提高会降低其可支配收入，进而降低其资本积累规模，抑制企业发展与经济增长。穆勒、李嘉图和凯恩斯等经济学家，以及 20 世纪 70 代以拉弗为代表的供给学派均支持这一观点，认为政府课税会抑制企业投资，阻碍经济增长，而减税可以有效带动企业投资。

关于税收负担对企业投资规模影响程度的实证文献非常丰富，但这些文献基本都是考察二者之间的线性关系，大多数文献认为企业家对投资成本的反应非常敏感，而税收可以显著影响企业成本，因此，减税可以有效促进投资规模，如哈伯格（Harberger，1962）、乔根森（Jorgenson，1963）、波特巴等（Poterba et al.，1985）、布伦德尔等（Blundell et al.，1992）等。霍尔等（Hall et al.，1967）基于美国 1929~1963 年的统计数据实证发现，加速折旧、缩短折旧年限以及投资抵免等税收激励政策可以显著提高美国制造业和非制造业的净投资增速。费尔德斯坦等（Feldstein et al.，1971）检验了英国采用投资补贴（Investment Allowance）这一税收政策对企业储蓄和投资行为的影响。德弗鲁（Devereux，1989）采用 1971~1987 年英国制造业企业的面板数据，研究了英国税改政策对企业投资的影响。卡明斯等（Cummins et al.，1994）发现美国 1962~1988 年期间的企业税改革对投资具有明显促进作用。卡明斯等（Cummins et al.，1996）通过对 14 个 OECD 国家 3000 多企业样本数据的分析发现，除荷兰、西班牙外，其他 12 个国家的税收负担均与企业固定资产投资负相关。哈瑟特等（Hassett et al.，2002）总结了早期的一些实证研究，认为企业会像新古典模型预测的那样，对税收激励做出积极反应，扩大固定资产等投资。萨吉瑞（2008）研究发现，企业所得税的降低会显著提高企业的固定资产投资：企业所得税每降低 10%，企业固定资产投资增加 20%。维加拉（Vergara，2010）研究了智利 80 年代大幅降低企业所得税的税制改革对企业绩效和宏观经济的影响，发现减税使企业投资受到激励，显著增加；同时，私人投资占 GDP 的比重也增加了 3%。但是，该研究的企业样本量较少，只有 87 家上市公司。詹科夫等（Djankov et al.，2010）检验了企业所得税税率高低对投资的影响，实证结果显示，提高税率会显著降低总投资与外资进入。

20 世纪 80 年代，在供给学派的影响下，美国里根政府实施了广泛的减税政策，有学者对这次政策的效果进行了评估。辛恩（Sinn，1985）认为，减税政策通过增加企业税后利润回报率，吸引了大量的国外资本进行投资。亨德斯肖特（Hendersrshott，1987）认为，允许设备加速折旧可激励企业加大投资；但边际税率的下降提升了资本的使用成本，企业借贷资本进行投资的动机削弱，自行持有资产的动机增强。

另外，不少学者专门就税收政策对企业研发投资的影响展开研究，如格林沃尔德等（Greenwald et al.，1986）、贝利等（Baily et al.，1992）、霍尔（Hall，1993）、马穆尼亚斯和纳德里（Mamuneas & Nadiri，1996）、海因斯（Hines，1998）、霍尔和范瑞恩（Hall & Van Reenen，2000）、布鲁姆等（Bloom et al.，2002），均发现减税可以显著促进企业的研发投资。

上述研究普遍认为税收负担与企业投资规模负相关、减税可以有效促进投资，这些研究结论激励着诸多学者呼吁政府为企业减税，但是也有学者提供了不同的实证结论。奥尔巴赫等（Auerbach et al.，1995）研究了 1991 年瑞典税制改革对企业固定资产投资的影响，这次改革大幅降低了所得税的边际税率，同时加强了对避税的监管，同期出现了投资的大幅下降，研究结果表明这次税改对企业固定资产投资的影响微弱。塔西（Tassey，2007）发现，政府为刺激企业研发而出台的税收激励政策，其成效一直微乎其微，可以忽略，甚至有可能是负的。安东和约瑟夫（Anton & Joseph，2009）将股息税引入企业生命周期模型分析发现，股息税税率的调整对企业投资规模的影响很小。丹尼（Danny，2015）利用 1996～2008 年美国企业数据实证发现，2003 年小布什政府推出的股票利得税减税政策——这一美国资本税率史上最大力度的削减并未带来预期中美国企业投资增加的效果，实证结果非常稳健。

2.2.2　国内相关研究

安体富（2002）认为，我国税收长期超常增长，加重了企业和居民的负担，抑制了国内投资、消费和总需求的增长，削弱了中国企业的国际竞争力，因此主张采取减税政策。阎坤等（2004）认为税收优惠政策可以有效激励创业性投资，并就我国在创业投资领域存在的税收问题提出了政策建议。孙玉栋（2006）认为，实际税负的减轻，无疑能促进企业的投资欲望，激励企业加大设备购买和产业升级的力度，从而提高企业的竞争力，最终带动国民经济的更快增长。何源等（2006）通过构建数理模型分析认为，减税不但有助于解决企业的投资不足问题，还有利于提高投资效率。潘石等（2010）认为加速折旧等税收优惠政策对私人投资具有鼓励效应，加税则有抑制效应。陈平路等（2010）梳理了多个国家为激励投资而出台的税收优惠政策，认为税率越高，则企业的外源性资本成本越高，投资越少。贾康等（2011）认为，减税是以拉弗为代表的供给学派的主要经济主张，有助于降低企业成本，增加利润，从而刺激其投资，扩大生产。林江等（2013）构建了数理模型，分析税收负担对企业投资行为的影响路径，认为税负对投资的影响主要集中在资本结构上，由于债务利息可以在税前扣除，企业愿意利用债务方式来获得建设性资金，这对于企业的投资规模和方向具有很大影响。刘津宇等（2014）认为，投资决策是企业最重要的决策，决定企业的价值来源，而税收、信息不对称等各种摩擦因素可能扭曲企业的投资行为。刘蓉等（2016）认为，边际税率的降低可整体降低企业的创新成本，缓解生产要素成本上涨的压力，同时会提升税后收益率，从而吸引更多的企业资金用于投资。韩文龙等（2016）认为政府通过税收优惠、财政补贴等措施诱导性地干预了企业的投资决策，助长了企业的过度投资。庞凤喜等（2017）提出，税收负担是衡量国家、企业及个人三者利益分配关系的标尺。税负分配是否合理有度，对纳税主体的经济利益及生产经营、投资决策产生直接影响。杨灿明（2017）认为，减税有利于刺激企业和个人的生产投资行为，进而有利于财政收入的税基，因此呼吁适当降低一些关键性税种的税率，如增值税、企业所得税等，从而达到增强企业竞争优势的目的。

实证研究方面，刘振（2009）利用中国上市公司的面板数据研究发现，政府对企业的税收返还和所得税优惠政策能够激励企业增加技术投资和规模投资。付文林等（2014）以企业所得税有效税负为解释变量，通过理论分析和上市公司数据的实证检验证明，企业上期税负越重，对本期投资支出的抑制越强，税收优惠可以有效激励企业的固定资产投资和权益性投资。宋丽颖等（2017）发现，企业实际税率降低1%，会导致固定资产投资率提升 7.14%，企业实际人数增加 0.6%；同时，企业资本产出效率提升 0.9%，企业劳动产出效率提升 1.4%。田彬彬等（2017）应用 1998～2007 年"中国工业企业数据库"，检验 2002 年企业所得税改革这一事件对企业行为的影响，发现在改革前后的短期内，税负对企业投资行为的影响很明显：税负每降低 1%，固定资产投资大约提升 13%，同时，全要素生产率水平也有明显的提升。李丽丽等（2017）检验了企业实际税负对其对外直接投资的影响，结果发现我国企业实际税负过高，严重降低了企业的利润空间，导致企业被动"走出去"，这种影响在私营企业中尤为严重，政府应该重视其中的隐患，在条件成熟时适当调整税率水平，降低企业实际承担的税收负担。吴辉航等（2017）利用 1998～2007 年工业企业微观数据，检验了我国西部大开发政策的减税效应，结果发现减税可以促使西部企业增加劳动力、固定资产等投资，且刺激了更多的创业活动，从而使得存续企业的生产效率有显著提升。小企业比大企业对减税政策更为敏感，说明减税更利于小企业的生存与发展。

2004 年，我国首先在东北地区开始试点增值税的转型政策，由生产型增值税转为消费型增值税；2007 年，试点范围扩大到中部六省部分城市；2009 年，该政策全面推广实施。增值税的转型有利于减少重复征税，降低企业税收负担，不少学者研究了这项税收政策改革事件对企业实际税负及投资行为的影响。聂辉华等（2009）利用 1999～2005 年工业企业数据的研究发现，这次改革达到预期的减税效果，显著地提高了企业的固定资产投资，有利于企业优化产业结构并提升生产率。申广军等（2016）利用全国税收调查数据的研究发现，降低增值税有效税率，不仅会刺激企业增加固定资产投资，还会提高企业的投资产出效率。平均而言，税收每降 1 元，会带动固定资产投资增加 1.63 元，在私营企业、中西部地区和非出口企业身上效果明显；增值税有效税率每降低 1%，则资本产出率提高 3.9%、劳动生产率提高 5.5%，国有企业、东部地区和出口企业的效率提高更明显。许伟等（2016）利用工具变量法的研究结果显示，增值税实际税率每降低 1%，会激励企业投资增加 16%，因此认为，增值税转型政策效果极为明显。毛捷等（2014）、汪德华（2016）的研究认为，这次改革对不同行业的企业影响差异较大：促进了石化、电力、装备制造等行业的企业固定资产投资，但抑制了汽车制造、采掘等行业企业的投资。此外，宋丽颖等（2017）也发现，扩大增值税抵扣范围的减税政策，有助于促进固定资产投资，提升投资产出效率。

赵连伟（2015）应用 2011~2014 年全国税收调查数据和双重差分（Differences – in – Differences，DID）方法，评估了"营改增"对企业税收负担的影响，并检验了税负变化带来的企业成长效应。结果发现，"营改增"总体上降低了企业的税收负担，提高了企业的投资能力和盈利水平，导致企业新增固定资产投资平均提高了 4.85%，净资产收益率平均提高了 3%。袁从帅等（2015）通过对 239 家上市公司 2007~2013 年的面板数据分析发现，"营改增"显著促进了企业总投资，但对设备类固定资产及一些无形资产投资的促进效果并不显著。

专门针对税收优惠影响企业研发投资的国内研究文献也很丰富，如朱平芳等（2003）、梁彤缨等（2012）、李万福等（2013）、吴祖光等（2017）、李林木等（2017）等，普遍认为税收优惠政策可有效促进企业的研发投资。

另外，关于税收负担对企业生产效率的影响，大多数学者认为高税负会通过削弱企业研发创新的能力，进而降低企业的生产效率（如刘蓉等，2016；申广军等，2016；吴辉航等，2017）。于文超等（2015）利用问卷调查数据，研究了税务稽查对企业税负水平和生产效率的影响，结果发现加强税务稽查会导致企业的税负增加，企业的生产效率显著下降；但是，在法治环境较好的地区，这一影响会减弱。

上述研究普遍认为减税可以有效促进企业的投资规模、提高生产效率，因此主张减税，但是也有文献提出了不同看法。贾康等（2002）认为减税对企业增加投资的刺激效应不大，因为投资具有"规模性要求"。通常情况下，国家减税的总规模不小，但分摊到千万个具体的企业上，节省的资金不大，而达不到一定规模的资金，即使在企业手中，也没法投资，"并非给企业减少了一块钱的税收，就可以增加一块钱的投资"，在投资的规模性要求面前，减税政策往往是杯水车薪，尤其在整个消费环境不景气的情况下，减税的投资刺激作用不大。因此，与其把注意力放在减税上，不如放在各种非税收入的整顿上，优化营商环境。

实证方面，江金彦等（2006）利用我国 1980～2005 年的宏观经济数据研究发现，税收对投资的收入正效应超过了负的替代效应，税负提高反而带来了投资的增加。刘慧凤等（2011）基于 2004～2008 年上市公司的数据研究发现，企业所得税的下降，虽然降低了资本成本，但并未对投资产生显著的促进作用。陈烨等（2012）利用 CGE 模型进行的模拟分析认为，中国增值税转型改革对促进宏观 GDP 增长和微观企业投资的作用有限，这与蔡和哈里森（Cai & Harrison，2015）对东北地区试点的实证研究结论一致。刘金东等（2017）用 2006～2015 年省级区域面板数据和 GMM 方法，考察了宏观税负对企业投资的影响，发现宏观税负的提高仅对市场化程度较低地区的个体私营企业投资有抑制作用，而对股份制企业、国有企业及外商投资均无影响；这是因为中国是以增值税等间接税为主的国家，企业仅仅是纳税人而非负税人，所以虽然表面上中国企业的税负高，但实际上由消费者承担，"死亡税率"的观点站不住脚。

有些学者认为，税收负担对投资行为的影响与税种有关，不同的税种税负会给企业的投资带来不同的影响：王蓓等（2012）认为，不同税种税负转嫁的难易程度能够影响企业投资的决策，并利用宏观数据和结构 VAR 模型，实证验证了我国劳动、资本和消费的有效税率对投资的影响差异，发现对消费有效税率的提高在短期内会促进投资，对资本收入有效税率的提高在短期内会抑制投资，因此主张我国应选择以消费支出作为税基。吴旭东等（2010）的实证结果发现，增值税等货物税对民间投资具有正效应，而企业所得税对投资具有负效应，这与唐祥来等（2013）的结论类似，后者认为商品税和收益税对经济增长的影响方式和程度存在差异，商品税对投资具有正的激励效应，而所得税具有投资抑制作用。但二者的实证检验都是直接用税额对投资进行回归，而不是税负,这样更难避免反向因果造成的内生性问题。黄荣哲等(2014)提出,不同税种对固定资产投资的影响存在差异,有的税种比重增加会抑制固定资产投资,有的税种比重增加却促进固定资产投资。向景等(2017)利用2000～2014年我国上市公司的数据,研究税收负担对企业多项绩效的影响,结果发现企业所得税和流转税的下降均会显著提升利润率、扩大投资、提升销售额增长率、增加研发支出,但企业所得税还会显著影响利润率,而流转税对利润率无显著影响。李林木等(2017)运用2005～2015年全国中小企业股份转让系统挂牌公司的年报数据,分析了税费负担对企业创新能力的影响,发现直接税和间接税税负的增加均会抑制企业的创新能力和成长,但间接税的抑制效果更强烈。在间接税中,增值税的抑制效应显著,而消费税和资源税却不显著。刘金东等(2017)也认为不同税种对企业投资行为的影响存在差异。

综上所述,研究税收负担影响企业投资行为的文献已然不少,认为税收负担与企业投资规模和投资产出效率负相关、增税会抑制投资并降低生产效率的文献占据主流地位,但也有学者持反对观点,并提供了理论和计量实证证据。因此,关于税收负担对企业投资的影响,结论尚未统一,主要表现在:①企业税负是否显著影响企业投资行为、影响方向如何,结论尚未统一;②直接税和间接税对企业投资的影响效果是否存在差异,实证结论尚未统一。因此,有必要从新的角度,利用新的样本数据,对上述问题进一步检验,以期寻找新的证据。

2.3　投资行为影响企业生存风险的文献综述

2.3.1　国外相关研究

彭罗斯(Penrose, 1959)、阿巴巴内尔等(Abarbanell et al., 1997)、蒂特曼等(Titman et al., 2004)等认为,企业的投资行为是影响其市场价值的重要途径。麦康奈尔和穆斯卡拉雷(Mcconnell & Muscarella, 1985)提出,企业加大投资支出时,会拉抬其股价;削减时,会使其股价下挫。乌尔里奇（Woolridge，1988）利用美国上市公司数据的研究指出，工业企业在公布新的投资信息之后，股价会上升，这意味着市场更看好增加投资的企业的发展潜力。斯特朗和梅耶（Strong & Meyer，1990）发现，企业的剩余现金流越多，越会刺激企业增加投资的随意性和非效率，而股票市场对企业的这种投资公告会做出负面评价。曹（Cho，1998）利用1991年《财富》杂志制造业500强企业的财务数据，检验了公司所有权结构、投资规模和公司市场价值三者之间的关系，联立方程的回归结果显示，投资规模与公司价值显著正相关。

利亚隆加（Villalonga，2004）提出，企业增加对无形资产的投资，有助于产生超额利润，形成稳定而持续的竞争优势。埃斯特夫—佩雷斯等（Esteve-Pérez et al.，2010）研究发现，投资规模越大的企业，其退出风险越低。艾西亚和朱索（Asiaei & Jusoh，2015）通过对德黑兰证券交易所128家上市公司的实证研究发现，人力资本投资的规模和结构均对企业绩效产生显著的促进作用。

赫尔普曼等（Helpman et al.，2004）研究发现，投资产出效率较高的外商投资企业通常会将东道国国内部分低效率的企业挤出市场，这说明要素的利用效率是影响企业生存的重要因素。索德邦等（Soderbom et al.，2006）通过对非洲加纳、肯尼亚和坦桑尼亚3国389家企业的调查发现，生产效率的逐步提高是20世纪90年代非洲制造业企业生存的重要因素，生产效率越高的企业，在行业中的竞争能力越强，企业的生存时间也越长。贝隆等（Bellone et al.，2008）通过对23000多家法国企业的研究发现：企业的生存时间与生产效率密切相关，不同行业部门的生产效率之间存在差异，从而导致企业出生率和死亡率也不相同。

2.3.2 国内相关研究

企业管理学将投资活动视为企业生存与发展最重要的决定因素。刘红霞等（2011）提出，投资能够形成企业从事生产经营活动的物质基础，这决定了企业创造利润和承担风险的能力。许智博（2011）认为，中国中小企业的市场寿命普遍较短，投资决策因素是重要原因之一。叶玲等（2013）、詹雷等（2013）提出，投资决策是企业最基础和最重要的财务决策活动，是统领融资决策、股利分配决策及其他附属性财务决策的首要决策，对企业的存亡和发展起着决定性作用。刘津宇等（2014）也认为，投资决策是企业最重要的决策，投资效率的降低，将造成资源浪费和企业发展的潜在威胁；同时强调，税收、信息不对称等各种摩擦因素在现实中可能扭曲企业的投资行为。

当前国内专门研究投资规模对企业生存风险影响的实证文献较少。张功富等（2007）利用2003～2005年间A股的79家ST企业财务数据研究发现，与缩减投资规模相比，扩大投资规模反而更有利于企业走出财务困境，改善生存和发展状况，但样本量太小是本研究的一处不足。罗绍德等（2007）提出，对固定资产的投入可以帮企业扩大产量、降低平均成本、实现规模经济；对无形资产的投入有利于树立企业品牌，提高其他企业的行业进入壁垒，从而获得超额收益。罗绍德等（2007）通过对1870家A股上市的制造业企业的财务数据分析发现，增加固定资产投资会提高企业的竞争优势，而无形资产的投资与企业的竞争优势不相关，这可能是因为无形资产的影响更为滞后所致。张功富（2009）利用307家上市公司的面板数据研究发现，固定资产投资的增加会显著提高企业的竞争优势，但对高负债公司的影响并不明显。刘星等（2009）利用上市公司数据研究发现，短期内的投资支出有利于改善企业的财务状况，降低其破产风险。

此外，有大量文献研究了投资规模对企业效益和价值的影响，其中，企业效益反映其当前的盈利状况，企业价值是预计创造未来财富的现值，反映企业预期的盈利能力和成长能力，无论是企业效益还是价值，均与企业长期业绩和生存风险密切相关（申慧慧等，2012；詹雷等，2013），因此，这些文献的理论和方法对本书均有一定的借鉴意义。

关于企业投资规模影响企业绩效的实证文献比较丰富。吴小立等（2010）经过对广东省976家企业的实证研究发现，企业资产规模和劳动力资本的投入是企业绩效的主要来源，即使是高新技术行业也依然如此。李焰等（2011）采用2004～2009年沪深两市上市公司的数据，以固定资产的相对变化量作为投资规模的替代变量，检验了投资规模对企业绩效的影响效果；实证结果显示，在国有企业中，投资规模的提高会显著促进企业的绩效，但在非国有企业中，二者没有显著相关性。另外，关于人力资本投资影响企业绩效的研究也有不少文献。邓学芬等（2012）的实证研究发现，人力资本投资的增加有助于企业绩效的提高。锁箭等（2015）以我国中小板上市的 65 家中小企业为样本，研究了人力资本投资对企业绩效的影响，结果表明人力资本投资、人力资本储备以及更加合理的人力资本结构对中小企业的绩效具有显著促进作用，因此呼吁企业加大对人力资本的投资。此外，高素英等（2011）、毛清华等（2012）、杨鹏等（2017）均研究了人力资本投资对企业绩效影响，发现该项投资能够促进企业的发展，降低经营风险。

关于企业投资规模影响企业价值的文献也有不少。魏锋等（2006）对 A 股 319 家上市公司研究发现，新增固定资产投资会影响上市公司以托宾 Q 计算的市场价值。叶蓓等（2008）利用 A 股上市公司的数据和联立方程的方法，研究了企业投资规模、管理者信心和上市公司市场价值之间的关系，结果发现投资规模会显著促进企业的市场价值。赵岩等（2013）基本认同罗绍德等（2007）的理论分析，认为企业成长的关键是其竞争优势和价值的持续提升，而企业对固定资产、无形资产等持续广泛的投资，是提升竞争优势和价值的关键因素之一。赵岩等（2013）利用483 家制造业 A 股上市公司的数据实证发现，投资规模对企业的竞争优势和企业价值的影响存在一个拐点值，如果大于或小于该值，均会降低企业的市场优势，即投资规模与企业价值之间呈倒"U"型关系。这与张洪辉等（2010）的实证结果一致，后者也认为企业投资规模与公司价值之间并非单调线性关系，而是二次函数关系，并利用2001～2004 年我国上市公司的数据加以证明。

此外，蒋东生（2011）、柯振埜等（2012）、朱学义等（2014）、王桂花（2015）、黄昌富等（2016）、王京等（2017）诸多文献均认为投资行为会影响企业的价值和效益，进而影响企业的生存压力。

关于投资产出效率影响企业生存风险的研究文献，一致认为二者呈正相关。周红霞等（2004）认为，投资行为是否具有效率直接关系到企业价值是否最大化。柳建华等（2010）提出，无论是从投资者利益角度还是一国经济增长角度，投资效率的提升比单纯地追求投资规模更为重要；利用上市公司数据的检验发现，总体上，更新改造的投资支出会对企业绩效带来显著正效应，而非更新改造性投资对企业绩效的影响不显著。王坚强等（2010）认为，企业价值的增加，本质上由其投资决策和投资效率决定，并在界定投资效率概念的基础上，用 DEA 模型构建了企业投资效率的度量方法。朱克朋等（2012）利用 2000～2008

年"中国工业企业数据库"中纺织、化工等 4 个行业的企业数据,研究了国有企业退出的主要决定因素。结果发现,企业效率是决定国有企业退出的重要变量,高效率的企业倾向于选择民营化,而效率低的企业更有可能选择破产清算或打散重组。该研究对企业效率的衡量,选择的是一个该企业生产率是否超过行业平均值的虚拟变量。罗红霞等(2014)认为,投资活动作为企业三大运行活动之一,直接影响企业绩效,有效的投资是促进企业成长的根本源泉,企业管理者无法直接影响企业的绩效,只有通过提高投资效率的途径,才能影响企业绩效;同时,利用 983 家 A 股上市公司的数据,检验了企业高管特征通过投资效率的中介效应对企业绩效的影响,发现投资效率和企业绩效显著正相关。李文昌等(2016)认为,投资行为的效率会直接影响企业价值的最大化,进而对企业能否长期生存和可持续发展造成重大影响;利用 2011 ~ 2013 年 571 家国有控股上市公司的样本数据验证发现,投资效率的提高确实会带来企业绩效的提高。方璐(2017)认为,投资是企业资产积累和长期发展的动力所在,高效率的投资可使企业在激烈的竞争中立于不败之地,非效率的投资造成资源浪费,让企业的发展背上包袱,影响盈利能力,增加经营风险;同时,通过 2012 ~ 2015 年 A 股上市公司的数据研究发现,投资效率的提高可以提高上市公司的市场价值。

2.4　文　献　综　评

从已有文献可以看出,能够影响企业生存风险的因素有很多,政府税收政策无疑是重要的外部因素之一,受到国内外学者的普遍关注。但令人遗憾的是,关于我国税收负担是否对企业生存风险造成不利影响这一问题的量化实证研究鲜见,近乎空白,普遍只是出于直观判断的规范性文献,且结论存有很大争议:有人认为我国企业税收负担较高,恶化了企业的经营环境,加大了退出风险;有人认为,我国企业承担的实际税负并不高,减税对改善企业经营状况的作用不大。这种情况下,显然需要有更多、更具说服力的经验证据加以论证。

个别文献提到,由于税收转嫁问题的存在,企业税负对企业生存风险施加影响的途径非常复杂：企业税负既可以通过影响生产者的投资行为，也可以通过转嫁来改变消费者的需求行为，这二者最终均可能影响企业的市场生存处境。但是，绝大多数文献常将企业税负、投资行为、企业生存三者放在一起分析，将企业投资行为视为企业税负影响企业生存风险的最重要渠道，即税收负担主要通过影响企业的投资行为，进而对企业的生存风险造成影响。这一方面可能是因为，影响企业税收转嫁的因素较为复杂，在商品价格等数据资料缺乏的情况下，想要客观评价企业税负向消费者转嫁的程度存在一定的难度；另一方面，即使考虑到企业税负会部分转嫁于消费者从而降低了消费者对商品的需求，这种行为最终也会通过进一步影响企业家的投资行为，从而对企业的生存风险造成影响。因此，投资行为既是企业税收负担影响其生存风险的直接途径，也是最根本的途径。正因为如此，本书认为，在分析和验证企业税负影响企业生存风险的传导途径时，借鉴既有文献的经验，重点考察投资行为这一途径的渠道作用，显然更有价值。

关于税收负担通过投资行为途径对企业生存风险造成影响的研究，可分两阶段进行观察：一是税收负担对企业投资行为的影响；二是投资行为对企业生存风险的影响。其中，关于投资行为对企业生存风险影响的既有研究，观点比较一致，普遍认为二者正相关：投资规模越大、投资产出效率越高的企业，市场竞争能力越强、退出风险越小。然而，关于税收负担对企业投资行为影响的既有研究，结论尚有争议：大多数文献认为，二者呈负相关，税收负担的降低会激励企业增大投资规模；但是，也有一些文献，提供了极为稳健的实证证据，证明并未发现这种激励效果，其中不乏有高质量的文献，如丹尼（2015）；甚至个别文献发现，税负的提高反而导致企业加大了投资。鉴于此，本书认为，在接下来的研究中，有必要加强税收负担对企业投资行为的理论分析，以期为解决上述争议找到具有说服力的理论方案。

另外，一些文献指出，不同的税种税负对企业的投资和生存造成了差异性影响，而大多数文献忽略了这个问题，一些文献甚至往往仅以企业所得税税负或增值税税负作为企业综合税负的替代变量，这似乎在一定程度上默认了不同税种税负对企业行为的影响并无本质差异。因此，笔者认为，有必要在接下来的研究中，检验不同税种税负的影响效果是否存在差异，以期为我国税制结构的改革问题找到新的论据。

第3章 税收负担影响企业生存风险的理论分析

正如前面所言，本书在文献梳理时发现现有文献普遍通过考察税负对企业投资行为的影响，进而分析税负对企业生存风险的影响，即将投资行为视为税负影响企业生存风险的渠道。现有文献之所以普遍沿袭这一分析路径，主要是因为：一方面，在新古典经济学中，企业被视为寻求利润最大化的市场交易主体，而只有投资才能形成企业从事生产经营活动的物质基础，进而决定了企业创造利润和承担风险的能力（刘红霞等，2011），可以说，投资行为是企业实现利润最大化的必经途径和直接途径；另一方面，在企业管理学中，投资决策被视为企业最基础和最重要的财务决策活动，是统领融资、股利分配及其他附属性财务决策的首要决策，对企业的其他决策行为（包括进入和退出）起着决定性作用（叶玲等，2013；詹雷等，2013），即投资行为既是其他外界营商环境因素影响企业生存风险的必经途径、直接途径，也是最根本的途径。正因为投资行为对企业的存亡如此重要，所以本书将借鉴以往文献的经验，在分析和验证税收负担对企业生存风险的影响机理时，通过投资行为这一渠道的中介作用进行考察。本章将分三步进行相关理论的探讨：首先从理论上分析税收负担对企业投资行为的可能影响，其次分析投资行为对企业生存风险的可能影响，最后总述税收负担通过影响投资行为而对企业生存风险可能造成的影响。

3.1 税收负担影响企业投资行为的理论分析

由于现实市场中不存在完全刚性需求的商品，导致无论政府以哪种方式向某一企业增加税收，企业都难以将全部损失转嫁给消费者，而必须或多或少地承担税收造成的收益损失。这种情况下，企业将通过调整投资行为的方式，对税收带来的损失加以弥补，具体包括改变投资的规模与投资的产出效率两条途径。

3.1.1　税收负担影响企业投资规模的内在机理

一般税收理论（如林江等，2009；王玮，2012；谭光荣等，2013；钱淑萍，2017 等）认为，在其他因素不变的情况下，政府课税会提高企业的投资成本，降低边际净收益率，最终降低企业的存留利润，这会对企业的投资规模产生两种方向相反的效应，即收入效应和替代效应。

1. 税负对企业投资规模的收入效应

政府课税压低了企业的存留利润，进而减少了企业家的可支配收入，促使企业家为维持以往的消费效用水平而增加投资规模，以期通过企业扩大再生产的规模收益，弥补税收负担带来的损失。用一个简单例子可以说明：假设企业家对消费的偏好需要每月 10 万元方可满足，税前每份投资每月可获得 10 万元净利润，企业家只需要 1 份投资便可满足消费需求。但假设政府用税收征走企业家 50% 的净利润，税后每份投资每月可获得 5 万元净利润，则企业家若想保持以往的消费效用水平，就需要 2 份投资。

图 3-1 是税收对投资规模收入效应的说明。其中，纵轴表示企业家的投资规模，横轴表示企业家的消费。在征税之前，投资和消费的组合形成预算线 AB_1，AB_1 与无差异曲线 E_1 相切于 D_1，D_1 为企业家效用最大化的点，此时企业家的投资规模和消费量分别为 I_1 和 C_1。若企业家因政府课税而倾向于增加投资，则预算线会从 AB_1 移动至 AB_2。AB_2 与新的无差异曲线 E_2 相切于 D_2 点。该切点为企业家税后对投资和消费选择的最优组合点，即纳税人选择的投资量为 I_2，大于税前的投资量 I_1，而消费量则由税前的 C_1，降至税后的 C_2。

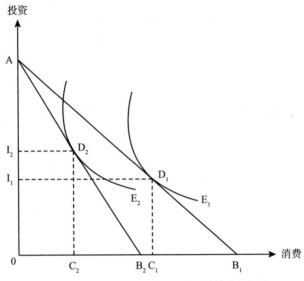

图 3 – 1 税收负担对企业投资规模的收入效应

2. 税负对企业投资规模的替代效应

政府课税压低了投资的边际净收益率，导致投资对纳税人的吸引力下降，纳税人以储蓄、消费、非生产性投资等其他行为替代对企业生产经营的投资，以期通过企业生产之外的其他收益，弥补税收负担带来的损失。举例来讲，假设企业家 1 份投资的税前净利润是每月 10 万元，企业家若要放弃这份投资，则机会成本是 10 万元；但如果政府课税导致投资的税后净利润下降到 5 万元，企业家若要放弃投资，机会成本下降为 5 万元，投资收入变少，可能会降低其对企业家的重要性，导致企业家更容易放弃这份投资。

图 3 – 2 是替代效应的说明：企业家初始预算线为 A_1B，当政府增加课税时，预算线移至 A_2B，与新的无差异曲线 E_2 相切于 D_2 点。该切点即为企业家税后对投资和消费的最优组合点。此时，企业家选择的投资量 I_2 小于税前的投资量 I_1，而消费量则由税前的 C_1 增至税后的 C_2，说明政府增税导致投资者以消费替代投资。

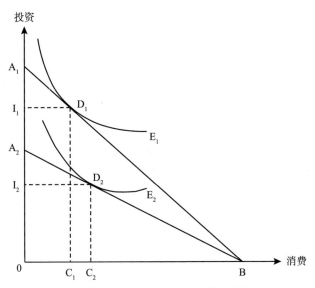

图 3 - 2　税收负担对企业投资规模的替代效应

　　若要判断税负对企业投资规模的总效应，则需要对收入效应和替代效应进行明确区分。本书借鉴王志浩等（2017）的模型[①]，通过斯拉茨基分解的方法，将税负对投资规模的两种效应分解为希克斯投资规模与马歇尔投资规模。

　　其中，希克斯投资规模是指，当每单位投资的收益变化后，企业家以最小花费实现既定效用水平所选择的投资规模。可记为：

$$K^h = K^h(w, \overline{U}) \tag{3.1}$$

　　式（3.1）中，K^h 为希克斯投资规模，上标 h 为希克斯（Hicks）的首字母；$\overline{U}$ 表示既定效用水平；w 为每单位投资的税后收益，假设税前每单位投资的收益为 r，政府向其征收税率为 t（$0 \leqslant t \leqslant 100\%$）的所得税，则 w 与 t 负相关，并有：

$$w = (1 - t)r \tag{3.2}$$

　　按照希克斯投资规模的定义，要得到 K^h，需要在既定效用水平下寻求企业家支出最小化时的投资规模，即将希克斯投资规模转化为个体

----

　　① 该模型常被用于劳动经济学，用来分解工资变化对劳动者劳动供给的收入效应和替代效应，这与税收学中税负导致的投资收益变化对企业家投资供给的两种效应具有异曲同工的效果，因此被本书借鉴。

支出最小化问题。

$$\min(C + wK^R) \tag{3.3}$$

$$s.t. \ \overline{U} = U(C, \ K^R) \tag{3.4}$$

其中，C 为企业家来自投资所得的消费，因此有 $C = w \cdot K$。设企业家拥有的原始资本为 K_0，投资后剩余资本为 K^R，则有：

$$K = K_0 - K^R \tag{3.5}$$

由此可得：

$$C = w \cdot (K_0 - K^R) \tag{3.6}$$

变换则有：

$$C + wK^R = w \cdot K_0 \tag{3.7}$$

式（3.7）右边表示企业家将全部原始资本用来投资可得的总收入，等式左边可视为总收入的用途：投资所得的消费和非投资所得的消费。式（3.7）的经济学意义在于，它说明了投资（消费）与非投资消费之间存在替代关系。

由式（3.3）、式（3.4）可解出企业家投资后剩余的资本（K^R）以及来自投资所得的消费（C），同时，可根据式（3.5）求得式（3.1）的希克斯投资规模。令：

$$K^R = K^R(w, \ \overline{U}) \tag{3.8}$$

$$C = C(w, \ \overline{U}) \tag{3.9}$$

得到企业家的支出函数：

$$e(w, \ \overline{U}) = C(w, \ \overline{U}) + wK^R(w, \ \overline{U}) \tag{3.10}$$

马歇尔投资规模是指，在既定投资回报收益和收入水平下，企业家为实现效用最大化所选择的投资规模，记为：

$$K = K(w, \ Y_0) \tag{3.11}$$

其中，Y_0 为潜在的投资总收入，$Y_0 = w \cdot K_0$。

要得到马歇尔投资规模，可将其转化为个体在既定投资回报下的效用最大化问题：

$$\max U = U(C, \ K) \tag{3.12}$$

$$s.t. \ C = w \cdot K_0 \tag{3.13}$$

求解该最优化问题，可得到式（3.11）中马歇尔投资规模（K）与每单位投资税后收益（w）之间的关系。

将式（3.10）中企业家的支出函数带入式（3.11）的马歇尔投资

规模函数，得到：

$$K[w, e(w, \overline{U})] \qquad (3.14)$$

观察式（3.14）可知，它表达了投资规模与每单位投资收益、既定效用水平、企业家最小支出之间的关系，也就是式（3.1）的希克斯投资规模。所以有：

$$K[w, e(w, \overline{U})] = K^h(w, \overline{U}) \qquad (3.15)$$

对式（3.15）求关于每单位投资收益（w）的导数，得到：

$$K_1[w, e(w, \overline{U})] + K_2(e(w, \overline{U})) \cdot e_1(w, \overline{U}) = K_1^h(w, \overline{U})$$

$$(3.16)$$

两边同乘以 w/K^S，这里的 K^S 是指统称的投资规模，因为是常量，不用区分希克斯投资规模或马歇尔投资规模。可得：

$$w/K^S \cdot K_1 + w/K^S \cdot K_2 e_1(w, \overline{U}) = w/K^S \cdot K_1^h \qquad (3.17)$$

构建函数：

$$F(w) = C(x, \overline{U}) + wK^R(x, \overline{U}) - e(w, \overline{U}) \qquad (3.18)$$

式（3.18）右边前两项为企业家的支出。根据支出函数 $e(w, \overline{U})$ 的特征，当 $w = x$ 时，式（3.18）有最小值0。同时意味着，$F(w)$ 对 w 的一阶导为 0（极值一阶条件）。因此有：

$$K^R(x, \overline{U}) = K^R(w, \overline{U}) - e_1(w, \overline{U}) \qquad (3.19)$$

式（3.17）变为：

$$w/K \cdot K_1 + w/K \cdot K_2 K^R = w/K \cdot K_1^h \qquad (3.20)$$

由式（3.5）对式（3.20）的 K^R 做代换，可得：

$$w/K \cdot K_1 + w/K \cdot K_2(K_0 - K^S) = w/K \cdot K_1^h \qquad (3.21)$$

变换之后可得：

$$w/K^S \cdot (K_1 + K_0 K_2) = wK_2 + w/K^S \cdot K_1^h \qquad (3.22)$$

借鉴经典经济学中定义供给价格弹性的方法，可以定义马歇尔投资规模（供给）的收益弹性，以及希克斯投资规模（供给）的收益弹性：马歇尔投资规模的收益弹性（ε_w^k），是指投资收益变动 1% 时所引起的马歇尔投资规模变动的百分比；希克斯投资规模的收益弹性（ε_w^h），是指投资收益变动 1% 时所引起的希克斯投资规模变动的百分比。

由马歇尔投资规模函数 $K = K(w, Y) = K(w, w \cdot K_0)$ 可得马歇尔收益弹性：

$$\varepsilon_w^k = \partial K^h / \partial w \cdot w/K^S = (K_1 + K_0 K_2) \cdot w/K^S \qquad (3.23)$$

41

由希克斯供给函数式（3.1）可得希克斯供给弹性：

$$\varepsilon_w^h = \partial K^h / \partial w \cdot w / K^S = K_1^h \cdot w / K^S \qquad (3.24)$$

根据马歇尔投资规模函数的定义式，式（3.25）为马歇尔投资规模潜在收入弹性，即潜在收入变动1%时所导致的马歇尔投资规模变动的百分比：

$$\varepsilon_Y^h = Y / K^S \cdot K_2 \qquad (3.25)$$

将式（3.23）~式（3.25）带入式（3.22）可得：

$$\varepsilon_w^k = \varepsilon_w^h + \varepsilon_Y^k \cdot w K^S / Y \qquad (3.26)$$

式（3.26）为将马歇尔供给弹性与希克斯供给弹性联系起来的斯拉茨基方程。该方程意味着，每单位投资的税后净收益（w）变化幅度1%所引起的投资规模变化的幅度由两种效应所导致，一种是由希克斯弹性 ε_w^h 代表的替代效应，另一种是由 $\varepsilon_Y^k \cdot w K^S / Y$ 所表示的总收入效应。式（3.26）中虽然并未直接标示出企业所承受的税率（t），但由式（3.2）可知，w 与 t 负相关，t 通过影响w，进而影响 ε_w^k。

税收负担对企业投资规模的净效应，等于税收对投资的收入效应和替代效应的总效应（高凤勤等，2007；王蓓等2012）；但显然，替代效应可能导致企业投资规模降低，收入效应可能导致投资规模增加，两种效应的作用相反，从而致使税负增长对企业投资规模的总效应存在不确定性。具体哪种效应更占优势，一方面，取决于企业投资者对投资收入的需求弹性：有文献指出，如果企业家对税后收入的需求弹性较小，则提高税负会促使企业家增大投资，以谋求通过规模收益来维持以往的收入；如果企业家对税后收入的需求弹性较大，则提高税负会妨碍企业家的投入（刘建民等，2000；于海峰等，2016）。另一方面，也取决于政府征税的强度：洪银兴等（2017）提出，税收的收入效应，往往发生在纳税人总体税收负担较轻的时候。

据此可以推测，可能存在某一临界值，当企业总体税负低于该临界值阶段，收入效应占优势，税负增加可以刺激企业扩大投资规模；但是，如果税负持续增加，投资的边际收益持续递减，当税负大到一定程度时，企业家认为继续增大投资所带来的净收益并不能弥补高税负带来的收入损失，这时候，收入效应减弱或消失，替代效应占据优势，企业家宁愿降低甚至停止投资。因此，可以提出假设：在其他因素不变的情况下，随着企业税收负担的逐步提高，对投资规模的影响并非线性，而是呈先促进后抑制的倒"U"型。

3.1.2 税收负担影响企业投资产出效率的内在机理

税收负担通过对企业现金流及投资边际收益率的影响，不仅会影响企业的投资规模，还可能影响企业投资的产出效率。当企业现金流比较充足、边际收益率较高时，经营管理往往更为粗放，投资的产出效率较低；随着企业税负增加导致的企业现金流减少和边际收益率下降，管理者会更加重视资金的利用效率，通过采取技术革新、员工培训、落后设备改造等措施，避免投资数量和投资规模的低水平扩张，努力提高投资的产出效率，向效率要效益，促使利润增长由投资规模依赖型向投资质量依赖型转变、企业由粗放型向集约型转变，以对冲税负提高带来的收益下降。

持有近似观点的理论和实证研究已然不少，大多数集中在关于现金流对企业行为的影响研究上。詹森（Jensen，1986）认为在公司现金充裕时，经营者更可能倾向于对净现值为负的项目进行低效率投资，或更容易消费额外的津贴来增加私人利益，但这些行为会牺牲企业绩效和股东利益。布兰查德等（Blanchard et al.，1994）研究发现，美国11家收到巨额现金赔偿的企业，选择保留现金或从事一些低价值的投资活动。哈福德（Harford，1999）研究了现金持有量对企业并购绩效的影响，结果发现现金持有量较高的企业更有可能实施有损股东财富和公司长远发展的多元并购。欧普乐等（Opler et al.，2001）的研究发现，高现金流的企业往往存在"自由现金流问题"，表现为：有更高的资本支出，愿意花费更多的现金用于与投资价值不相关的收购活动上。胡建平等（2007）经过模型推理和实证检验，发现自由现金流量为正的公司更可能发生非效率投资，证实了我国上市公司普遍存在"钱多办坏事"现象。杨华军等（2007）利用我国上市公司的数据研究发现，自由现金流为正的企业，比自由现金流为负的企业更容易发生低效率投资；杨兴全等（2008）对我国上市企业数据的检验发现，上市企业持有现金的价值普遍小于账面价值，原因可能在于公司持有现金为控股股东或管理层转移公司财富提供了条件，这种行为使得公司价值受到损伤。俞红海等（2010）、江少波等（2015）通过上市公司面板数据实证发现，自由现金流水平对非效率投资有正向影响，上市公司持有的自由现金流量越多，非效率投资现象越严重；自由现金流量越大，过度投资程度越严重。此外，张敦力等（2014）、冉渝等（2016）、马金城等（2017）等大量研究中均持有类似观点。

因此，有理由推断：随着企业税收负担的提高，有可能通过降低企业的现金流和投资收益率，迫使企业家更加重视公司治理，加强监管和控制，减少内部各环节的资源浪费和效率损失，提高企业资本的配置效率和投资产出效率，形成企业良性发展的长期动力（张会丽等，2012），从而客观上降低了税负提高对企业绩效和生存环境带来的不利影响，即在其他因素不变的情况下，企业税收负担与投资产出效率正相关。

3.1.3 不同税种税负对企业投资行为影响的内在机理

不同税种是否对企业行为存在差异性影响，也一直是财税学者关注的重要问题。传统税收学理论认为，增值税、营业税等间接税的税收负担容易通过商品价格向下游消费者转嫁，并未全部构成会计核算意义上的企业成本或费用；而企业所得税等直接税的负担难以转嫁，纳税人与负税人基本一致，真正构成企业的税负，因此更容易影响企业行为。吕冰洋等（2009）、贾康（2014）、庞凤喜等（2016）、范子英（2016）、刘金东等（2017）均持这种观点。同时，吴旭东等（2010）、王蓓等（2012）、唐祥来等（2013）、向景等（2017）等也从不同角度实证验证了直接税和间接税对企业行为的影响差异。

考虑到税负转嫁主要依托于商品交易环节的价格改变，似乎有理由认为税种形式是影响税负转嫁的重要因素之一：与商品交易环节密切联系的增值税等间接税更容易转嫁，而在分配领域征收的所得税等直接税相对难以转嫁。但是，也有学者反对：张瑶等（2017）认为，企业税负最终能否转嫁，与直接税还是间接税没有必然联系，若产品本身的需求弹性较小，无论是直接税还是间接税，企业都可以通过提高价格的方式将承担的税负转嫁出去；反之，企业承担的税负就难以转嫁。如果企业经营者可以对所得税税负理性预期，那么也完全可以考虑将未来的所得税税负在交易环节提前转嫁，这时所得税对纳税人行为的影响与增值税等间接税并无本质差异。那么，企业经营者能否对所得税税负理性预期和提前转嫁？心理学实验表明，人类的行为决策不可能达到完全理性的程度，往往受认知偏差、情绪和情感等心理因素的影响，从而表现出系统性的非理性行为（Kahneman et al.，1974）。拉杰等（Raj et al.，2009）利用实验经济学的方法，研究发现人们在市场交易活动中，对缺乏明显标示的税收信息并不敏感，很难进行完全理性的最优化决策和转嫁。

另外，赵福昌（2010）认为，当前我国大多数企业从事于竞争性行业，挣扎在竞争激烈的"红海"当中，其产品所面对的需求弹性大而供给弹性小，买方市场越来越明显，因此，间接税难以转嫁。冯兴元（2017）同样持有这种观点，提出：一些学者认为民营企业的税负主要是容易转嫁的间接税，"这种看法无疑是错误的"。但是，上述看法只能说明间接税在当前的市场竞争环境下，转嫁的难度有所增大，并不能说明间接税转嫁的难度与直接税相同。

因此，本书倾向于接受传统税收学理论的观点，认为虽然影响企业税收负担的因素较为复杂，主要受到供需弹性的影响，但是税种形式也是影响税负转嫁和归宿的重要原因之一，间接税可以部分转嫁，而直接税的转嫁难度大于间接税，所以不同的税种形式对企业投资行为存在差异性影响。具体假设是：假如政府征收的税额固定，那么相比易于转嫁的增值税等间接税税负，难以转嫁的企业所得税等直接税税负对企业投资行为的影响更为强烈。

3.2　投资行为影响企业生存风险的理论分析

按照新古典经济学理论，企业存在的目标就是寻求利润最大化，而投资活动是实现利润最大化的重要途径（蒋小平，2013）。投资行为对企业生存风险的影响，表现在投资规模和投资产出效率两方面。

3.2.1　投资规模影响企业生存风险的内在机理

投资规模常被视为影响企业市场存续时间的重要变量（Agarwal et al.，2001），科索瓦和拉方丹（Kosova & Lafontaine，2010）、聂辉华等（2009）、高凌云等（2017）等均认为，规模较大的企业在生产经营中更具有相对优势，国家工商总局企业注册局（2013）的统计分析报告也证实了这一现象。奥德斯和马赫穆德（Audretsch & Mahmood，1995）、于娇等（2015）认为，企业在创业初期，通常以小于其最优状态的规模进入市场，随着投资规模的不断增大，企业可能逐渐趋近于市场的最有效规模，从而逐步降低其失败的风险。

理论上，投资规模的扩大可以从以下三方面降低企业的市场退出风险、延长存续时间：

（1）投资规模的扩大，有利于企业获取规模经济，有助于减少单位产品的生产成本、提高企业的利润总量（Agarwal，1997；Tsvetkova et al.，2014；Manjon & Arauzo，2008；Jensen et al.，2008）。许家云等（2016）认为，大型企业常具有雄厚的资本、丰富的经验和扎实的科研能力，所以抵御市场中负面冲击的能力也相对更强，这导致规模较大的企业具有相对更长的经营持续期。

（2）投资规模的扩大，有助于企业向消费者传递其产品是高质量产品的信号，从而增加产品的溢价能力。投资规模较大的企业，往往在声誉、获得外部资本、劳动力资源等方面更具优势（Esteve - Pérez et al.，2010；高凌云等，2017）。

（3）投资规模的扩大，导致企业的沉没成本提高，企业破产、退出的成本也会越高，这会迫使企业家更谨慎地对待市场退出行为（Kaniovski et al.，2008）。

因此，本书认为，理论上，企业的投资规模与其市场退出风险负相关，即投资规模越大的企业，退出市场的风险率越低。

3.2.2 投资产出效率影响企业生存风险的内在机理

企业每单位投入产出效率的提高，有助于节约生产成本，提高利润率。柳建华等（2010）认为，无论是对国家宏观经济的长期增长还是对企业的可持续发展，投资效率比投资规模更应受到重视。张玲等（2015）认为：从宏观角度讲，企业的投资产出效率对经济的长期增长至关重要；从微观角度讲，企业的投资产出效率低下会损害公司价值，不利于企业的可持续发展。朱克朋等（2012）的实证研究表明，低效率的企业更有可能以破产清算或打散重组的方式，完全退出市场。赫尔普曼等（2004）、罗红霞等（2014）、李文昌等（2016）的研究均发现，投资利用效率的提高有助于改善企业绩效、提高企业市场价值和竞争力，进而降低企业的退出风险。

因此，本书认为，理论上，企业的投资产出效率与其市场退出风险负相关，投资产出效率越高的企业，退出市场的风险率越低。

3.3　税收负担对企业生存风险的影响
——基于投资行为渠道的理论分析

当我们既明确了税收负担对企业投资行为的影响，又明确了投资行为对企业生存风险的影响，那么税收负担对企业生存风险的影响也就容易判断了。

本书的 3.2 节认为，理论上，投资的规模和投资产出效率皆会影响企业的生存风险：在其他因素不变的情况下，投资规模的扩大与投资产出效率的提高均有利于降低企业的市场退出风险。本书的 3.1 节认为，税收负担的提高，既会影响企业的投资规模，也会影响企业的投资产出效率。就投资规模而言，由于收入效应和替代效应同时存在，导致税负的逐步提高会对企业的投资规模带来倒"U"型影响；就投资产出效率而言，税收负担的提高会产生倒逼改进效应，促使企业提高效率。图 3-3 简单标示了上述影响路径。

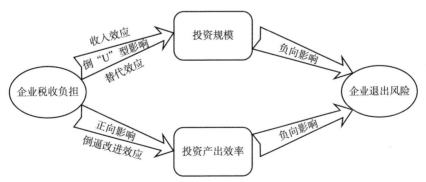

图 3-3　税收负担影响企业退出风险的传导途径

结合前两节的分析结论可以认为，税收负担带给企业的收入效应和效率倒逼改进效应均有助于降低企业的市场退出风险，而替代效应会提高企业的退出风险。由于三种效应发挥主导作用的时间存在差异：收入效应主要在低税负阶段发挥作用，替代效应主要在高税负阶段发挥作用，因此，总体来看，税收负担的逐步提高会对企业的市场退出风险带来先降低后增强的"U"型影响。显然，这一理论与当前主流文献所认为的税负与企业退出风险正相关的观点有所差异，但符合传统税收学理论的推理。本书将在后续章节中，对这一理论假设进行大样本企业数据的实证检验。

另外，传统税收理论同时指出，不同类型的企业，商品供给的价格弹性及税负转嫁能力存在差异，以此而论，相同税收负担对不同类型企业的投资行为和生存风险也会产生不同影响。同时，理论上，不同的税种形式也是影响企业税负转嫁程度的重要因素之一。因此，本书将在实证部分进一步检验税收负担对不同类型企业生存风险的影响，以及不同税种形式对企业生存风险的影响差异。对以上问题的验证，可以帮助政府更有效地利用有限的财税资源，科学制定差别化的税收政策，激励企业投资，降低企业的市场退出风险。

为验证上述理论分析，本书的实证部分将做以下安排：第 4 章检验税收负担对企业生存风险的影响程度；第 5 章属于机理分析，检验投资行为在税收负担影响企业生存风险过程中的渠道作用。

第4章 我国税收负担影响企业生存风险的实证研究

第3章从理论上分析了税收负担通过投资行为渠道对企业生存风险可能带来的影响，本章利用"中国工业企业数据库"1998～2008年及2011～2013年数据，采用Cox比例风险模型和加速失效时间模型（Accelerated Failure Time Model，AFT），检验我国企业实际税收负担对企业市场退出风险及存续时间的影响程度。在此基础上，从企业所有制属性、TFP大小、行业类型、资产规模、成立年限及所在地区6个维度，细致考察税收负担对不同类型企业生存风险的影响差异，这有助于我们对税收政策微观效果的深入了解。另外，检验直接税和间接税对企业生存风险的影响差异，分析税制结构对企业的影响，从而更全面、准确地认识税收政策实际效果的复杂性。就既有文献来看，国内对上述问题的定量实证研究鲜见。

4.1节是对实证模型的简要介绍；4.2节是对数据处理细节的说明；4.3节是对模型变量设定的说明；4.4节，对变量的基本事实特征进行统计分析；4.5节展示实证结果，并分析原因；4.6节是本章小结。

4.1 实 证 模 型

一些文献中采用固定效应或二元离散选择模型处理企业生存风险问题的实证研究，这些传统方法在处理企业生存风险问题时存在一定的缺陷，因为企业生存数据的显著特征是存在右删失（Right Censoring，又翻译为"右归并"），即研究周期结束时，一些样本企业尚未退出市场，我们虽然知道它们既有的市场存续时间，但无法知晓它们完整的（潜在的）可持续时间。对这种存在右删失的数据，忽视或主观赋值，都会造成估计结果有偏（陈强，2014；鲍宗客，2016 等）。

鉴于此，生存分析方法，又称事件历史分析方法（Event History Analysis），被广泛应用于企业市场退出的分析（如 Disney et al.，2003；Stucki，2014；毛其淋等，2013；黎日荣，2016）。该方法通过设立一个刻画企业结局的二元虚拟变量，构建企业的风险函数，估计企业生存时间的分布，并对企业在未来不同时点上退出市场的可能性进行预测。该方法能充分挖掘样本信息，可以很好地处理生存数据的右删失问题。因此，本书也将采用这种检验方法。

风险函数 $h(t)$ 或风险率（Hazard Rate）是生存分析方法的一个重要概念，它表示在观察样本存活至时间 t 的条件下，风险事件发生的瞬时概率。其本质是在给定存活时间 t 之后，个体可能发生风险事件的条件密度函数（陈强，2014；黎日荣，2016）。本书所关注的风险事件为企业退出市场。用 $h_i(t)$ 表示在时间 t 上企业 i 可能退出市场的瞬时概率，则有 $h_i(t) = \lim_{\Delta t \to 0} pr(t \leqslant S \leqslant t + \Delta t \,|\, S \geqslant t)/\Delta t$；其中，$S$ 为企业 i 的市场存续时间。参考毛其淋等（2013）、于娇等（2015）文献，构建 Cox 比例风险模型用于基准回归：

$$h_i(X_i,\ t) = h_0(t) \cdot \exp(X_i\beta) \tag{4.1}$$

其中，$h_0(t)$ 为基准风险函数（Baseline Hazard），用来刻画依赖于时间 t 但与企业 i 的其他特征无关的市场风险，反映的是样本企业的共性；X_i 表示影响企业 i 风险率的解释变量，包括本书重点关注的企业税收负担变量与其他控制变量；β 为需要估计的系数向量；$\exp(X_i\beta)$ 反映的是样本的特性；$h_i(X_i,\ t)$ 为企业 i 在 t 时所面临的可能退出的风险率。

假设存在两个不同的企业，其协变量集分别为 X 与 X^*，则两个企业的风险率之比为：

$$\frac{h(X,\ t)}{h(X^*,\ t)} = \frac{h_0(t) \cdot \exp(X\beta)}{h_0(t) \cdot \exp(X^*\beta)} = \exp[(X - X^*)\beta] \tag{4.2}$$

显然，两个企业的风险函数之比不随时间改变而改变，只与 $(X - X^*)$ 有关，这使我们可以不必假设基准风险 $h_0(t)$ 的准确分布，利用偏似然估计（Partial Likelihood Estimate），便可估计出系数向量 β 的值。

对企业"退出"这一状态的认定，本书与迪斯尼等（Disney et al.，

2003）、毛其淋等（2013）、于娇等（2015）、黎日荣（2016）等通行做法一致：如果企业 i 在第 t－1 期存在，而在第 t 期及以后各期均不存在，则视 i 为第 t 期退出的企业；如果企业 i 在第 t－1 期不存在，而在第 t 期存在，则视 i 为第 t 期进入的企业；其余企业定义为存活企业。企业退出时间与进入时间之差，即为企业的存续时间。

　　值得注意的是，本书在实证中，实际上是用企业进入、退出"中国工业企业数据库"的时间，替代企业进入、退出市场的时间；用企业在数据库中的存续时间，替代企业在市场中的存续时间。对此，可能存在的质疑是："中国工业企业数据库"仅统计规模以上的企业，这里的"规模以上"是指企业每年的销售收入在 500 万元及以上，2011 年该标准调整为 2000 万元及以上，因此，有些企业虽然退出了数据库，但很可能仅仅是销售收入下降至统计标准以下，并未彻底退出市场经营活动。实际上，将企业退出工企数据库事件当作企业退出市场事件的替代，这是长期以来国内研究企业生存风险问题文献（如余淼杰，2010；李平等，2012；毛其淋等，2013；马光荣等，2014；黎日荣 2016；鲍宗客，2016）的通行做法。这样做的原因是：第一，国内尚无公开的企业吊销、注销日期相关数据库可供研究。第二，中国工商总局企业注册局（2013）的调查报告指出：我国大量退出市场经营活动的企业，普遍缺乏注销意识，吊销工作也开展不足。因此，如果将样本企业的注、吊销时间视为其市场退出时间，对企业市场存续时间的计算则依然存在偏误。第三，国内相关问题研究所采用的通行方法，可能会系统性低估企业的市场存续时间，这在计量回归中可视为对被解释变量的系统性低估，并不影响回归结果的显著性。第四，黎日荣（2016）的研究分析表明，企业的规模可以反映企业的市场生存能力，规模萎缩是企业消亡前的显著征兆。基于以上原因，比较规范的相关实证研究普遍采用这种方式。

4.2　数 据 说 明

　　本书采用的原始企业数据主要来自国家统计局的"中国工业企业数据库"（后面简称"工企数据库"），该数据库涵盖了全国所有国有工业企业及规模以上（销售额不低于 500 万元）非国有企业。在数据合并时，借鉴布兰特等（Brandt et al.，2012）、毛其淋等（2013）、马光荣等（2014）、鲍宗客（2015）等的处理方法，利用企业代码、企业名称、法人名称、电话号码及它们的组合进行反复匹配，力求把仅是代码变更、实质属于相同企业的不同样本赋予相同的法人代码，尽量减少由于企业信息变更所导致的退出误判。

基于上述统计口径的工企数据库自 1998 年开始采集，时间跨度较长。由于 2008 年及以后的数据在统计时缺失一些与本书密切相关的指标，且 2011 年时数据库对企业的统计口径发生了改变，因此本书分别使用两阶段的样本，其中，基准回归采用 2008 年之前的样本数据，2008 年之后的样本数据用于基准回归的稳健性检验。

本书在文献梳理时发现，虽然国家统计局公布的工企数据库更新到了 2013 年，但当前国内在企业生存风险领域较为规范和权威的实证文献，如毛其淋等（2013）、于娇等（2015）、黎日荣（2016）、鲍宗客（2016）等，无一例外，均采用 2008 年及之前的工企数据。究其原因，一方面是由于数据可得性的限制，目前国内尚没有其他更好的、公开的企业生存数据可用，另一方面是因为 2009 年的工业企业数据缺少企业固定资产、折旧等研究中涉及的重要指标，而当前流传的 2010 年工业企业数据库存在较为严重的质量问题（如大量企业的会计恒等式不成立等），真实性、有效性受到学界质疑，导致 2009 年、2010 年的数据在生存分析方法中不宜使用；与此同时，数据库在 2011 年时的企业统计口径发生了很大变化[①]，考虑到生存实证分析方法的特殊性，不能与此前的数据合并一起使用。

因此，本书借鉴以往文献的经验，在基准回归中也采用 2008 年及之前的数据进行实证检验；但在稳健型检验时，用到 2011～2013 年的样本数据。对此，可能存在的一个质疑是：我国的税收政策几乎每年都在调整，用 2014 年之前的数据得出的实证结果对当前的经济问题有没

---

① 2011 年之前，工企数据库在统计时选择的是销售额不低于 500 万元的工业企业，但从 2011 年始，选择标准变成了销售额不低于 2000 万元（聂辉华等，2012）。这意味着，2011 年时，数据库中部分企业的退出行为是由于统计口径的变动所致，显然与本书所关注的任何国家经济政策因素无关，因此，考虑到生存分析方法的特殊性，计量实证检验时不能将 2011 年前、后的样本合并使用，否则会导致回归结果有偏。

有实践意义？本书认为：第一，本书的主要目的是寻找一般性的理论规律，有别于仅做某个时点政策效果评估的研究。对一般性理论规律的研究而言，计量实证内容的作用主要是当作论据用于支撑理论，假如理论是长期成立的，则其对数据时限的依赖性并不很强，这类论文对实证数据时限性的要求并不苛刻。正因为如此，直到今天，经济学类的大量权威论文依然在使用早期的工企数据库。第二，本书在实证过程尽可能多地控制其他变量，以降低其他因素随时间变化对税收政策效果的干扰，可以说，相比于我国企业生存风险领域的其他实证文献，本书在控制变量的选择方面更为全面。同时，采用工具变量法与两阶段最小二乘法回归等实证方法避免遗漏变量等内生性问题的干扰。规范的实证方法一定程度上有助于降低其他因素随时间变化而对税收政策效果的干扰。基于上述原因，本书最终所得的理论结论，如税负如何影响企业生存风险、税负在异质性企业间的影响差异、税制结构对企业生存风险的影响差异等结论，均具有一般性，未受到实证数据所处时段的实质性影响。

考虑到样本的市场存续数据还可能存在左删失（Left Censoring，又翻译为"左归并"）问题，即有些企业在 1998 年之前就符合数据库的统计标准，但是我们无法获知它们在 1998 年之前的存续信息，若忽略这个问题，也会导致回归估计上的偏误。为此，采用生存分析方法进行基准回归时，参考毛其淋等（2013）、鲍宗客（2016）等的方法，以1998 年的样本企业为基准，剔除 1999 年前就存在于数据库中的企业，以克服左删失问题。因此，最终基准回归时所使用的样本，是 1999 ~ 2007 年新进入数据库中的企业样本。2011 ~ 2013 年的样本数据用于稳健性检验。

对样本中可能存在的异常值，借鉴毛其淋等（2013）、史宇鹏等（2013）、申广军等（2017）的方法进行了常规处理：第一，剔除遗漏重要财务指标（如工业增加值、总产值、固定资产净值、企业销售额等）的样本；第二，剔除工业总产值、工业销售额、工业增加值、固定资产净额、总资产等重要指标小于等于 0 的样本，以及员工人数少于 8 的样本；第三，剔除 1949 年之前成立的企业，以及年龄小于 0 的企业；第四，遵循一般会计准则，剔除固定资产大于总资产、流动资产大于总资产、固定资产净值大于总资产的样本。

鉴于企业生存数据和分析方法的特殊性，本书还做了以下处理：

①剔除国有企业。自20世纪90年代末期开始，我国国有企业进行了大规模的所有制改革，大量国有企业破产或兼并重组。《中国财政年鉴》显示，1997年全国共有国有及国有控股企业26.2万户；2006年时，降至11.9万户，数量减少了一半以上（朱克朋等，2012）。这类企业的市场退出行为受到特定政策因素的影响很大，明显有别于其他样本企业。同时，在2000年以前，工业企业数据库在统计时覆盖了所有国有企业，而2000年以后，只统计了规模以上的国有企业，对国有企业的统计口径也发生了变化。因此，参考马光荣等（2014）的做法，剔除了这类样本。②参考朱克朋等（2012）、于娇等（2015）、鲍宗客（2016）等，剔除生存数据存在间断的企业，仅保留持续存在的企业。③参考古普塔和纽伯利（Gupta & Newberry，1997）、申广军等（2017）、田彬彬等（2017）的做法，剔除实际税负小于0、大于100%的样本，并通过企业税负这一主要解释变量，进行首尾各0.5%的截尾处理，以降低极端值样本对回归结果的影响。

各省份人均GDP数据，以及指标计算时用到的CPI、固定资产投资价格指数等来源于国家统计局的公开数据①。

企业所在各地区的市场化程度、引进外资程度等数据来源于《中国分省份市场化指数报告》。

4.3　变量说明

4.3.1　被解释变量

正如前面所述，式（4.1）Cox比例风险模型中，被解释变量为企业面临的可能退出的风险率。

此外，本书还将采用加速失效时间模型（AFT），考察税收负担对企业平均存续时间的影响，其被解释变量为企业的平均存续时间。

---

① 可于国家统计局官网查询：http：//data. stats. gov. cn/。

4.3.2　核心解释变量

1. 企业有效税收负担（Tax）

就我国税制的设计来看，工业企业增值税的税基大体相当于工业增加值；企业所得税的税基大体相当于利润总额；主营业务税金的税基大体相当于主营业务收入（张伦俊等，2012）。不同税种的税基有差异，导致在度量企业综合税负时，不同文献对税基的选择也存在很大差异，并无一致结论（胡文龙等，2014；李炜光等，2017a；崔九九，2017；钱金保等，2018）。工企数据库中企业利润总额数据有大量负值，以负值为分母所计算的税负在回归中难以比较大小，因此若以利润总额为基数计算企业实际税负，必然造成大量样本被剔除；而营业收入数据只有2004年之后的样本才有。因此，考虑到数据可得性与样本量，本书在基准回归中，借鉴王改芝（2008）、张伦俊等（2012）、刘尚希等（2016）的方法，采用"$Tax_1 = $应交税额/主营业务收入"作为企业有效税负的度量指标。为了克服可能存在的度量缺陷，在稳健性检验时，参考其他文献，采用以下4种度量指标作为 Tax_1 的替代：借鉴王昉（1999）、李春瑜（2016）的方法，采用"$Tax_2 = $应交税额/利润总额"；借鉴杨之刚等（2000）、许伟等（2016）的方法，采用"$Tax_3 = $应交税额/工业销售额"；借鉴张俊伦等（2012）、汪德华等（2015）等的方法，采用"$Tax_4 = $应交税额/工业增加值"；借鉴张骏等（2014）、申广军等（2016）、孙玉栋等（2016）、宋丽颖等（2017）的方法，采用"$Tax_5 = $应交税额/营业收入"。

工业企业数据库中，企业应交税额主要记录在本年应交所得税、本年应交增值税、主营业务税金及附加、管理费用中的税金4个部分。其中，本年应交所得税与本年应交增值税，是企业本年应交企业所得税与增值税的累计值；主营业务税金及附加一般包括本年的营业税、消费税、土地增值税、资源税、城市维护建设税和教育费附加等，管理费用中的税金一般包括本年的房产税、城镇土地使用税、印花税和车船税等。这些税种税负是我国企业部门税收负担的主要来源，参考张杰等（2011）、钱学锋等（2012）、行伟波（2013）、汪德华等（2015）的做法，将四部分加总，用来衡量企业本年的综合应交税额。

2. 企业所得税有效税负（Inctax）

同上，本书的基准检验中用"$Inctax_1 = $ 本年应交企业所得税/主营业务收入"衡量企业所得税有效税负。稳健性检验时，分别采用"$Inctax_2 = $ 本年应交企业所得税/利润总额""$Inctax_3 = $ 本年应交企业所得税/工业销售额""$Inctax_4 = $ 本年应交企业所得税/工业增加值""$Inctax_5 = $ 本年应交企业所得税/营业收入"等指标作为 $Inctax_1$ 的替代变量。

3. 增值税有效税负（Vatax）

同上，基准检验时，用"$Vatax_1 = $ 本年应交增值税/主营业务收入"衡量增值税的有效税负；稳健性检验时，分别采用"$Vatax_2 = $ 本年应交增值税/利润总额""$Vatax_3 = $ 本年应交增值税/工业销售额""$Vatax_4 = $ 本年应交增值税/工业增加值""$Vatax_5 = $ 本年应交增值税/营业收入"等指标作为替代变量。

4.3.3　控制变量

为降低遗漏变量可能导致的估计结果偏误，本书参考企业生存研究领域既有文献，结合现阶段我国市场中营商软环境因素，主要将以下指标纳入控制变量：

1. 企业全要素生产率（TFP）

TFP 是企业决策的重要影响指标。本书参考田巍等（2012）、毛其淋等（2013）等，采用奥利和佩克斯（Olley & Pakes，1996）的估算方法（简称 OP 法）获得。

2. 企业规模（Scale）

企业规模常被视为影响企业市场生存风险的重要变量（Geroski，1995；Agarwal et al.，2001），规模较大的企业在生产经营中更具有相对优势（聂辉华等，2009），为此，控制企业规模，用总资产的对数值表示。

3. 资本密集度（lnKLR）

史宇鹏等（2013）认为，资本密集程度会影响企业的风险率，因此纳入控制变量，参考既有文献，用"ln(固定资产/从业人员数)"表示。其中，固定资产是用以 2000 年为基期的固定资产投资价格指数进行平减获得。

4. 盈利能力（Prof）

盈利是大多数企业进入和退出市场的根本动力，同时也是企业持续经营内源性资金充裕程度的重要影响因素。参考措卡斯（Tsoukas，2011）、于娇等（2015）用"利润总额/总资产"来反映，预期其对企业市场退出风险率的影响为负。

5. 资产负债率（Debt）

资产负债率反映了企业对外源性资本的依赖程度（Harrison et al.，2003；Héricourt et al.，2009），资产负债率低的企业更有希望以较低的成本获取外部资金，以增加生产要素的投入、延长企业的市场存续时间（Bougheas et al.），因此控制该变量。参考朱克朋等（2012）的度量方式，用"负债总额/总资产"表示，预期其对企业市场退出风险率的影响为正。

6. 企业是否出口（Exp）

高凌云等（2017）认为，出口贸易可能影响企业经营决策，分散企业的经营风险，因此，加入反映企业出口行为的虚拟变量，有出口则赋值为 1，反之为 0。

7. 企业年龄（Age）

基姆和李（Kim & Lee，2011）指出，较早进入市场的企业能够通过获得先发优势，从而比后进入企业更具有生存优势，且年龄越久的企业积累的经营经验越丰富，更有利于在领域内积累核心竞争力并降低生存风险。但也可能存在相反的情况：存在越久的企业，其管理制度相对

57

僵化，转型成本高昂，反而加剧了生存风险。无论哪种情况更接近中国实际，企业年龄常被视为企业生存风险的影响因素之一（如毛其淋等，2013；于娇等，2015；高凌云等，2017），本书将其纳入控制变量，用"调查年份－开业年份"表示。

8. 政府补贴程度 （Subs）

政府补贴也是一些企业外源性资金的来源渠道之一，许家云等（2016）的研究表明，适当的补贴可以延长企业经营时间，因此，纳入本书的控制变量，用"补贴收入/主营业务收入"表示。

9. 地区人均 GDP （lnGDP）

宏观经济环境常被视为影响企业生存和发展的重要因素（Audretsch et al.，1995；Callejón et al.，1999；Geroski et al.，2010）。本书采用各省份人均 GDP 的对数值来衡量企业所在地区的年度宏观经济状况；其中，各省份 GDP 是以 2000 年为基期的 CPI 平减所得。

10. 地区人均工资 （lnWage）

虽然工业企业数据库本身也可计算样本企业自身的平均工资，但如果采用该值，则可能与本书的被解释变量之间存在较强的反向因果关系，解释其回归系数时存在困难，因此，采用企业所在地区的平均工资的对数值来反映企业在当地的用工成本。

11. 地区市场化程度 （Market）

企业所在地区的营商软环境常被视为影响企业生存与发展的重要因素（Brown et al.，2005；张鸿，2005）。樊纲等（2011）编辑的中国分省份市场化指数能够较好反映我国不同地区的市场环境和法律条件，被诸多研究文献所采纳（如袁卫秋，2014；何轩等，2016；卫旭华等，2018），因此，本书也采用该报告中的数据。

12. 地区金融市场化程度 （Fina）

伍旭（2012）、中国财政科学研究院"降成本"课题组（2017）等指出，融资问题是我国民营企业发展中遇到的重要困难，融资渠道的多元化，对企业的生存与发展至关重要。因此，本书将地区金融市场化程度纳入控制，数据来源同上。

13. 地区引进外资程度（Fore）

布罗思托姆和科高（Blomström & Kokko，1998）认为外资进入之后，具有溢出效应，可降低本土企业的退出风险，但戈格和斯特罗布（Görg & Strobl，2003）认为，外资的进入会加剧要素市场和产品市场的竞争度，导致要素价格上涨而产品价格下降，最终加剧了本土企业的生存风险。因此，本书控制企业所在地区的引进外资程度，数据来源同上。

此外，加入了样本企业所属行业（i. Indu）、省份（i. Prov）、年份（i. Year）的固定效应变量。相比于我国企业生存风险领域的其他实证文献，本书在控制变量选择方面更为全面，有助于提高实证模型对现实的解释力度。

表4-1简要展示了主要解释变量与控制变量的定义与测度方法。

表4-1　　　　核心解释变量与主要控制变量的测度方法

变量名称	变量定义	数值形式	测度方式
Tax	企业有效税收负担	比值	应交税额/主营业务收入
Inctax	企业所得税有效税负	比值	本年应交企业所得税/主营业务收入
Vatax	增值税有效税负	比值	本年应交增值税/主营业务收入
TFP	全要素生产率	实际值	OP法获得
Scale	企业规模	对数值	ln（总资产）
lnKLR	资本密集度	对数值	ln（固定资产/从业人员数）
Prof	盈利能力	比值	利润总额/总资产
Debt	资产负债率	实际值	负债总额/总资产
Exp	是否出口	虚拟	有出口则为1，反之为0
Age	企业年龄	实际值	调查年－开业年
Subs	政府补贴程度	比值	补贴收入/主营业务收入
lnGDP	地区人均GDP	对数值	ln（省级人均GDP）
lnWage	地区人均工资	对数值	ln（省级人均工资）

变量名称	变量定义	数值形式	测度方式
Market	地区市场化程度	实际值	省级市场化进程总得分
Fina	地区金融市场化程度	实际值	省级金融市场化程度得分
Fore	地区引进外资程度	实际值	省级引进外资程度得分

4.4 我国税收负担与企业生存风险的特征事实

剔除变量缺失和异常值样本后，剩余473821家各期新进入企业的1091373个观察值，构成非平衡面板数据，作为本书实证检验的基准样本。表4-2呈现了部分变量的主要统计量。

表4-2 主要变量的统计性描述

	平均值	标准差	最小值	最大值	中位数
企业年均退出率	0.2131	10.4615	0.1037	0.3955	0.2225
企业有效税收负担	0.0465	0.0358	0.0000	0.1700	0.0402
企业所得税有效税负	0.0066	0.0116	0.0000	0.1660	0.0009
增值税有效税负	0.0324	0.0279	0.0000	0.1700	0.0279
全要素生产率	0.7668	0.3070	0.0000	11.2689	0.7327
企业规模	9.5091	1.3412	1.0987	18.7560	9.3413
资本密集度	4.8632	1.0805	-5.6903	13.0974	4.8370
盈利能力	0.0329	0.5181	-371.75	18.2488	0.0278
资产负债率	3.9972	7.8936	0.0000	100.0000	1.7898
企业是否出口	0.2578	0.4374	0.0000	1.0000	0.0000
企业年龄	8.4722	7.9385	1.0000	58.0000	6.0000
政府补贴程度	0.0028	0.3296	0.0000	349.1389	0.0000
省人均GDP	9.7407	0.5785	7.8061	11.0218	9.7686

	平均值	标准差	最小值	最大值	中位数
省人均工资	9.7638	0.3665	8.6998	10.6607	9.7767
地区市场化程度	8.0120	2.0887	0.0000	11.7100	8.1000
地区金融市场化程度	8.1766	2.2497	0.0000	12.0100	8.4000
地区引进外资程度	4.0446	2.4239	−0.1200	11.7800	4.0000

资料来源：据"中国工业企业数据库"（1999～2007 年）、国家统计局公开数据、《中国市场化指数：各地区市场化相对进程 2011 年报告》计算所得。

4.4.1　我国企业税收负担的特征事实

如表 4 - 2 所示，在本书的样本区间内，以"应交税额/主营业务收入"估算的企业年均综合有效税负约为 4.65%，其中，年均企业所得税有效税负约为 0.66%，年均增值税税负约为 3.24%。此外，本书还发现，以"应交税额/利润总额"估算的企业年均综合有效税负约为 42.55%；以"应交税额/营业收入"估算的企业年均综合有效税负约为 4.55%，这与中华民营企业联合会课题组（2013）计算的收入税率约为 4.37% 较为接近，比中国财政科学研究院"降成本"课题总报告撰写组（2016）计算的 6.5% 左右略小，这主要是因为后者的研究样本不只有工业企业，还包括了房地产、租赁、商务服务、金融等高税负行业，拉高了税负的平均值。

以"本年应交企业所得税/利润总额"估算的企业所得税税负，均值约为 10.28%；以"本年应交增值税/工业增加值"估算的增值税税负，均值约为 12.52%，与张伦俊等（2012）的计算结果接近。考虑到我国法定企业所得税名义税率为 25%（2008 年 1 月 1 日起实行的《中华人民共和国企业所得税法》，法定税率为 25%；在此之前，企业所得税的法定税率为 33%）、一般制造业增值税名义税率为 16%，可以说：大样本的统计分析结果显示，我国制造业企业的实际税负，明显低于名义税负，这与王延明（2003）、高培勇（2006）、范子英（2016）的研究结论一致，究其原因可能是税收优惠政策的影响以及征管水平的限制所致。

图 4-1 刻画了历年企业平均有效税负的变动趋势：1999 年的企业平均有效税负最低，约为 4.24%，2003 年的最高，约为 4.93%。总体上，在 2003 年之前，企业的有效税负呈上升趋势，2003 年之后，呈逐年下降态势。

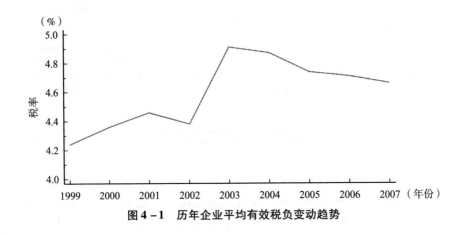

图 4-1　历年企业平均有效税负变动趋势

图 4-2 反映了历年企业平均所得税税负的变动趋势：1999 年时最低，约为 0.53%；然后呈逐年上升趋势，2004 年时达到最高，约为 0.71%；此后逐年下降。企业平均增值税税负的变动趋势如图 4-3 所示：2001 年时达到最高，约为 3.63%；此后总体呈下降趋势，2007 年最低，约为 3.09%。

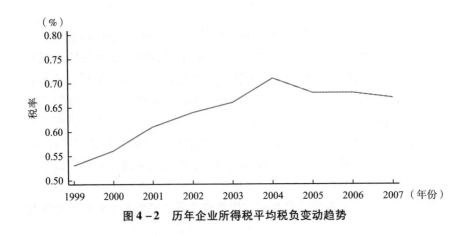

图 4-2　历年企业所得税平均税负变动趋势

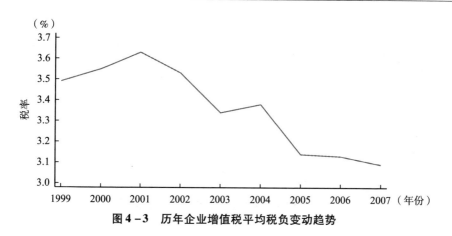

图 4 - 3　历年企业增值税平均税负变动趋势

4.4.2　我国企业生存风险的特征事实

1999～2007 年间，各期进入企业累计 473821 家，期间陆续退出232524 家。本书测算了样本中企业的年退出率（Exitr）[①]。2003 年最高，为 39.55%；2006 年最低，为 10.37%。年均退出率约为 21.31%，比毛其淋等（2013）的计算数值略高，这是因为本书所计算的只是1999 年及之后新进入数据库的样本。整体上，我国企业确实面临较高的退出概率。

样本内企业的平均年龄（调查年—开业年）约为 8.47 年，与 2003年经理世界年会公布的 8 年（"中国企业寿命测算方法及实证研究"课题组，2008）比较接近，比史宇鹏等（2013）研究发现的 7.5 年略高，这可能是因为后者仅使用了 2008 年的截面数据。在本书的时间区间内，退出企业的平均年龄（退出年份—开业年份）为 8.85 年，其中，退出时年龄不超过 1 年的企业，约占总退出企业中的 4.00%；退出企业的年龄主要集中在 2～6 年，这样的企业大约占到 47.01%，接近一半；年龄超过 10 年的退出企业占比约为 26.33%。图 4 - 4 为退出企业中，各年龄段企业分布的密度函数。

---

① 具体测算方法，企业年退出率 $Exitr_t = NX_t / NT_{t-1}$。其中，下标 t 表示时间，$NT_{t-1}$ 表示第 t - 1 年的企业总数，NX_t 为在第 t - 1 和第 t 年之间退出的企业数量。

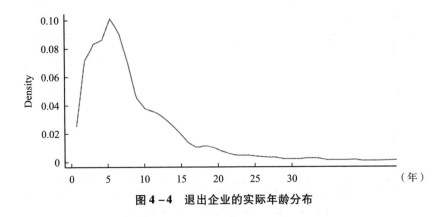

图 4 - 4　退出企业的实际年龄分布

4.4.3　我国税收负担与企业生存风险特征事实对比

鉴于生存风险数据结构的复杂性，研究时常用生存函数或风险函数等非参数方法追踪个体企业生存时间的分布特征（陈勇兵等，2012）。生存函数 S(t) 被指为个体企业存活时间超过时刻 t 的概率，如果数据不存在右归并，则 S(t) 的估计量可以定义为样本中存活时间超过时刻 t 的企业数目占样本总量的比例，但在数据存在右归并的情况下，该方法并不适用，一般使用 Kaplan - Meier 估计量进行替代分析，它在独立归并的情况下依然是 S(t) 的一致估计量（陈强，2013；鲍宗客，2016）。其具体计算公式为：

$$\hat{S}(t) = \prod_{t_0}^{t_j}\left(\frac{n_j - m_j}{n_j}\right) \tag{4.3}$$

其中，$\hat{S}(t)$ 表示企业生存至 j 期的风险，n_j 表示到 j 期仍然存活企业的总数，m_j 表示在 j 期退出企业的数量。这一估计量的含义是，企业生存至 j 期的无条件风险等于之前每一区间的条件风险之乘积。

图 4 - 5 给出了直观的低税负与高税负企业 Kaplan - Meier 生存曲线图[①]，从中可知：第一，随着时间的增长，高税负企业和低税负企业的生存函数曲线均呈下降趋势，即企业可以存活下去的概率越来越小；第二，与低税负企业相比，高税负企业的生存概率反而更大，但是二者的差异微乎其微，可以忽略。进一步，图 4 - 6 描绘了高税负企业和低税

---

①　将有效税负大于中位数的企业视为高税负类企业；其余企业视为低税负类企业。

负企业的风险函数，从中可知：虽然两类企业的风险函数趋势大致相同，但是低税负企业的退出风险反而大于高税负企业。当然，由于未引入其他解释变量，上述分析仅是对被解释变量无条件分布的初步分析，不能有效反映因果关系。

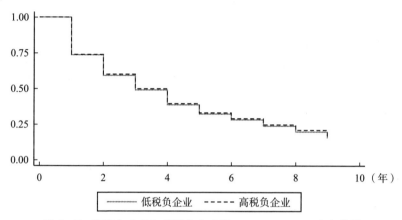

图4-5　高税负企业和低税负企业的 Kaplan - Meier 生存曲线

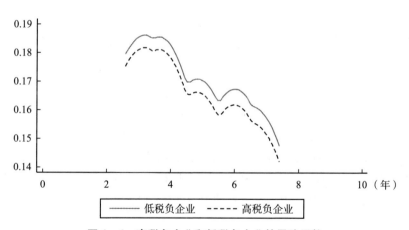

图4-6　高税负企业和低税负企业的风险函数

另外，本书分别计算了历年退出企业和存续企业的税负，如表4-3所示。在1999年、2004~2007年，退出组企业的平均有效税收负担高于存续组；2000~2003年，存续组的平均有效税负反而高于退出组的税收负担；整体上，存续组企业的平均有效税负为4.66%，略高于退出组企业的 4.63% ，差异不明显。退出组的税负并未明显高于存续组的税负，这一结果可以初步说明，企业的退出行为可能并非由高税负导致。

表 4 – 3　　　　　　历年存续企业与退出企业的平均有效税负比较　　　　单位：%

年份	企业占比		平均有效税负	
	存续组	退出组	存续组	退出组
1999	72.98	27.02	4.24	4.27
2000	64.76	35.24	4.42	4.24
2001	80.78	19.22	4.51	4.24
2002	77.75	22.25	4.43	4.22
2003	60.45	39.55	4.92	4.88
2004	88.58	11.42	4.86	4.94
2005	88.20	11.80	4.73	4.78
2006	89.63	10.37	4.71	4.78
2007	74.87	25.13	4.65	4.69
均值	78.69	21.31	4.66	4.63

资料来源：由"中国工业企业数据库"（1999～2007 年）计算所得。

表 4 – 4 反映了退出企业的平均有效税负变化历程。在大部分年份中，退出企业在退出当年的平均有效税负高于它们前一年份的平均有效税负，即企业在退出年的税负有所增加。但在 2002 年与 2004 年退出的企业，其退出当年的平均有效税负，反而比之前年份的税负有所下降，即当年税负下降，也未能避免这些企业的退出。因此，仅用统计分析的方法也无法完全得出降低税负有助于企业生存的结论。

表 4 – 4　　　　　　退出企业的平均有效税负变动历程　　　　单位：%

	1999 年	2000 年	2001 年	2002 年	2003 年	2004 年	2005 年	2006 年	2007 年
1999 年退出企业	4.27								
2000 年退出企业	4.07	4.24							
2001 年退出企业	4.16	4.10	4.24						

	1999 年	2000 年	2001 年	2002 年	2003 年	2004 年	2005 年	2006 年	2007 年
2002 年退出企业	4.07	4.29	4.28	4.22					
2003 年退出企业	4.05	4.12	4.25	4.14	4.88				
2004 年退出企业	4.26	4.53	4.63	4.60	5.02	4.94			
2005 年退出企业	4.22	4.51	4.58	4.34	4.81	4.62	4.78		
2006 年退出企业	4.44	4.37	4.42	4.39	4.92	4.73	4.71	4.78	
2007 年退出企业	4.24	4.32	4.51	4.40	4.86	4.71	4.67	4.65	4.69

资料来源：由 "中国工业企业数据库" （1999 ~ 2007 年）计算所得。

为更详细地了解样本数据的构成和不同企业的状况，从所有制属性、产业类型、企业规模、所在地区等维度，分别统计异质性企业的平均有效税负与生存风险相关信息，如表 4 - 5 所示。

表 4 - 5　　异质性企业平均有效税负与生存风险特征的统计描述

	企业类型	观察值（个）	年均有效税负（%）	平均年龄（年）	年均退出率（%）
所有制	集体企业	101343	5.22	13.69	29.12
	私营企业	545073	4.79	7.94	20.27
	外资及港澳台	158648	3.41	7.10	15.64
产业类型	劳动密集型	360949	4.40	7.85	21.73
	资本密集型	347566	4.77	8.55	21.72
	技术密集型	382858	4.78	8.99	19.02
企业规模	小规模企业	362745	4.42	7.42	24.82
	中规模企业	363522	4.75	8.38	20.03
	大规模企业	365106	4.79	9.60	17.48
所在地区	中部企业	165669	5.10	8.84	25.30
	西部企业	133291	4.95	9.38	21.81
	东部企业	703994	4.51	8.26	19.63
	东北企业	88419	4.53	8.05	19.88

资料来源：由 "中国工业企业数据库" （1999 ~ 2007 年）计算所得。

　　首先，按实收资本控股构成，将企业分为集体、私营、外资和港澳台企业三大类（国有企业已在数据处理时被剔除），实收资本控股构成缺失的企业，则以其注册时的所有制类型来归类。统计结果发现，本书可确定的集体企业约有 58049 家、观察值为 101343 个，约占总体观察值的 9.29%，相比于私营企业和外资企业，集体企业的有效税负最高，约为 5.22%；同时，集体企业的年均退出率也相对最高，约为 29.12%。外资与港澳台企业共有 67807 家、观察值为 158648 个，它们的平均有效税负和退出率均为最低，分别约为 3.41%、15.64%。样本组总体均值的差异性检验显示，整体而言，我国本土企业的税收负担和退出率均在 1% 显著性水平上高于外商及港澳台资本投资的企业。这一结论，与高凌云等（2017）的研究有相同之处，后者也发现外商投资企业的市场退出率低于内资企业。

　　其次，参考王德文等（2004）、鲁桐等（2014）的方法，将样本企业按行业特点划分为劳动密集型、资本密集型和技术密集型三大类型①。统计发现：整体上，技术密集型企业的税收负担最高，平均约为 4.78%，但是技术密集型企业的年均退出率却最低，约为 19.02%；劳动密集型企业的平均有效税负最低，约为 4.40%，年均退出率却最高，约为 21.73%。由此可见，高税负的行业，未必市场退出率更高；相比于低技术企业，税负对高技术企业的不利影响可能更弱。

　　再次，为进一步考察税收负担和退出率在不同规模企业中的差异，将样本企业按其资产规模，从小到大依次划分为 3 分位。统计结果发现，小规模企业的有效税负明显更低，平均约为 4.42%，这一结论与王延明（2003）、陈明艺等（2018）的结论相似，而与刘畅（2011）的结论相反，后者认为我国中小企业的税收负担明显大于大型企业。同时，小规模企业面临着更大的生存风险：年均退出率为 24.82%，明显高于中等规模和大规模的企业。大规模企业面临着最高的平均有效税负（约为 4.79%），这可能是由于大规模企业往往经营更为正规，或者更容易受到税务部门的严格监督和审查的原因所致。不过，虽然大型企业

---

　　① 具体地，劳动密集型行业企业包括建筑业、采掘业、交通运输业、仓储业、食品饮料、纺织、木材、水电煤的生产和供应等行业的企业；资本密集型包括造纸、印刷、石化、塑料塑胶、金属、非金属等行业的企业；技术密集型包括电子、机械、仪器仪表、医药、信息等行业的企业。

的税负最高，但其平均年龄也最长（约为9.60年）、年均退出率最低（约为17.48%）。这意味着，资产规模越大的企业，往往生存能力越强，对税负的耐受能力也越高。

最后，统计分析了不同地区的企业平均有效税负和年均退出率是否存在差异。按照国家统计局（2017）的分类方法，将企业所在地区分为中部、西部、东部和东北地区四大类①。统计结果显示，东部和东北地区企业的平均税负分别为4.51%、4.53%，中部、西部地区企业的平均税负分别为5.10%、4.95%。样本组间总体均值的差异性检验显示，中西部企业的平均税负在1%显著性水平上显著高于东部企业，这与李春瑜（2016）的研究结果一致，原因可能与地区经济发展水平、财政压力、政府规模、政策倾向等因素有关（马芸烨，2011；谭光荣等，2013），也可能与区域市场化程度有关（吴祖光等，2011）。同时，中西部的企业年均退出率也相对更高。

当然，由于未引入其他控制变量，统计分析所能得到的信息比较有限，也无法验证因果关系，因此，还需要进一步的回归分析。

4.5　实证结果与分析

4.5.1　我国税收负担影响企业生存风险的实证结果

1. 基准检验

本书首先用全样本检验了有效税收负担（Tax_1）对企业生存风险的影响，回归结果如表4-6所示。

---

① 具体地，中部地区包括山西、安徽、江西、河南、湖北、湖南6省份；西部地区包括内蒙古、广西、重庆、四川、贵州、云南、西藏、陕西、甘肃、青海、宁夏、新疆12省份；东部地区包括北京、天津、河北、上海、江苏、浙江、福建、山东、广东、海南10省份；东北地区包括辽宁、吉林、黑龙江3省份。

表 4 - 6 税收负担对企业生存风险影响的基准检验

	(1) Cox	(2) AFT	(3) Cox	(4) AFT
Tax_1	-0.2114*** (-3.99)	0.1273*** (3.32)	-1.5159*** (-10.32)	1.4998*** (14.25)
Tax_1^2			10.1776*** (9.55)	-10.7937*** (-14.08)
TFP	-0.0261*** (-4.16)	0.0379*** (8.15)	-0.0288*** (-4.55)	0.0404*** (8.66)
Scale	-0.1445*** (-69.46)	0.1288*** (86.13)	-0.1443*** (-69.38)	0.1285*** (85.98)
Age	0.0090*** (43.05)	0.0007*** (3.97)	0.0091*** (43.25)	0.0006*** (3.65)
lnKLR	0.0635*** (25.50)	-0.0572*** (-31.87)	0.0625*** (25.09)	-0.0561*** (-31.23)
Prof	-0.0085*** (-4.87)	0.0144* (1.72)	-0.0084*** (-4.83)	0.0142* (1.71)
Debt	0.0025*** (11.60)	-0.0021*** (-13.33)	0.0024*** (11.57)	-0.0020*** (-13.30)
Exp	-0.1510*** (-29.89)	0.1345*** (37.20)	-0.1538*** (-30.38)	0.1371*** (37.87)
Subs	0.0006 (0.86)	0.0038 (1.20)	0.0005 (0.77)	0.0039 (1.22)
lnGDP	0.0392 (1.09)	0.0578** (2.27)	0.0403 (1.12)	0.0565** (2.22)
lnWage	0.2851*** (6.59)	-0.2630*** (-8.28)	0.2815*** (6.51)	-0.2583*** (-8.13)
Market	-0.0327*** (-6.22)	0.0503*** (14.77)	-0.0324*** (-6.15)	0.0499*** (14.66)
Fina	-0.0377*** (-15.08)	0.0105*** (6.45)	-0.0375*** (-15.01)	0.0103*** (6.34)
Fore	-0.0147*** (-9.00)	0.0056*** (5.28)	-0.0149*** (-9.12)	0.0057*** (5.43)

	(1) Cox	(2) AFT	(3) Cox	(4) AFT
i. Prov	Y	Y	Y	Y
i. Year	Y	Y	Y	Y
i. Indu	Y	Y	Y	Y
Log Likelihood	−2827361.1	−362127.35	−2827328.2	−362039.71
N	1091373	1091373	1091373	1091373

注：括号内为 t 值。*** 、** 和 * 分别表示系数在 1%、5% 和 10% 的显著性水平下显著。本章后续各表皆同。

其中，第（1）列是在控制了其他变量之后，用 Tax_1 对企业市场退出的风险率进行 Cox 比例风险模型回归，发现 Tax_1 的系数在 1% 水平上显著为负，这似乎预示着，税负越高的企业，退出市场的风险率反而越低。为检验税收负担对企业市场持续时间的影响，本书同时采用加速失效时间模型（AFT）进行检验。与 Cox 模型不同，AFT 模型需要对风险函数的具体形式做出抉择。本书在实际回归中发现，对数正态回归、对数逻辑回归、威布尔回归的检验结果之间没有明显的波动，通过 Wald 检验与 AIC 信息准则比较，最终采纳对数正态回归的结果，结果如表 4-6 第（2）列所示：Tax_1 的系数显著为正，即随着税收负担的逐步提高，企业平均的市场存续时间增长，这与第（1）列的结论正好呼应——企业退出的风险率越低，则市场存续时间也相应越长。

对第（1）、第（2）列回归中 Tax_1 的系数结果，有两种可能的解释：第一种，正如本书第 3 章理论分析部分所述：政府对企业税收的增加，导致企业家的可支配收入降低，由于收入效应的影响，企业家为了维持以往的收入水平，扩大了投资规模，以期用规模收益来弥补课税带来的收入损失；同时，企业家也可能通过改进管理方式、生产工艺等方法，提高投资的产出效率和资本回报率。无论是提高投资规模还是投资产出效率，都有助于降低企业的市场退出风险、增加存续时间。但是，还有第二种解释：税收负担和企业退出风险率之所以呈负相关，可能仅仅是反向因果关系所导致。税务机关在征税时，可能会灵活处理，对市场退出风险低、存续时间长的企业征收更高水平的税收，对濒临退出的企业征收更低的税收。

到底哪种解释更符合实际？进一步检验：在其他控制变量保持不变的情况下，加入企业有效税负（Tax_1）这一主要解释变量的二次项，分别重复第（1）、第（2）列的回归，结果如第（3）、第（4）列所示。可以发现，Tax_1 的一次项系数依然极显著，且正负号未变，二次项系数也极显著，但系数正负号与一次项相反，这意味着企业税收负担与退出风险、市场存续时间之间并非单调线性关系，而是曲线型关系。第（3）列的 Cox 模型回归结果显示，Tax_1 的一次项系数显著为负，二次项系数显著为正，即随着企业税负的提高，企业市场退出的风险率先下降后上升，二者之间呈"U"型关系，拐点处的税负值（以"应交税额/主营业务收入"计算）约为 7.45%；与该结果相对应，第（4）列的 AFT 模型回归显示，随着税负的提高，企业平均的市场存续时间先增加后减少，二者之间呈倒"U"型关系，拐点处的税负值与回归（3）的拐点值比较接近，约为 6.95%。

目前生存分析法中，缺少对工具变量估计一致性和有效性的证明（高凌云等，2017），但第（3）、第（4）列所示的这种非单调线性关系，难以用反向因果原因进行解释，一定程度上排除了回归检验的内生性问题，却恰恰与本书第 3 章理论分析部分的结果相吻合：这可能是税收对企业投资规模的收入效应和替代效应，以及对投资产出效率的倒逼改进效应三者共同作用的结果——在低税负阶段，随着税负的提高，企业家会采取扩大投资规模、提高投资产出效率等措施，弥补税负提高导致的利润下滑，这些措施提高了企业的长期盈利能力，降低了退出风险，延长了存续时间；但随着税负的继续提高，企业家的投资回报率持续下降，继续扩大投资规模的机会成本也越来越大，当税负超过了某一阈值，企业家宁愿减少对该企业的继续投入，甚至让企业退出市场，企业的退出风险陡然增大，税负上升降低了企业的存续时间。这说明，仅就企业的市场生存目标而言，整体上，税负并非越高越好，也不是越低越好，而是存在一个最优税负值。

此外，表 4-6 控制变量的回归结果显示，全要素生产率（TFP）、企业规模（Scale）、企业利润率（Prof）与企业市场退出风险负相关，与企业存续时间正相关，这与逯宇铎等（2013）、许家云等（2016）、鲍宗客（2016）、高凌云等（2017）等的研究结论一致，也符合我们的认知常识：TFP 越高、资产规模越大、利润率越高的企业，抵御市场风险的能力往往越强、企业寿命越长。资本密集度（lnKLR）与企业的退出风险正相关，与市场存续时间负相关，这意味着资本密集度越高的企业，退出风险越大、市场存续时间越短，这与史宇鹏等（2013）的研究结论一致。这种现象的原因，一种可能的猜测是，资本越密集的行业，企业间的竞争越激烈。企业的资产负债率（Debt）与其退出风险正相关，这也符合我们的预期：糟糕的财务状况，必然不利于企业的可持续经营。出口企业的市场风险，小于非出口企业，市场存续时间也相应更长。值得关注的是，政府对企业的补贴程度（Subs），对企业退出风险和市场存续时间的影响并不显著，这意味着出于降低企业退出风险目的的政府直接补贴政策在整体上难以取得比较满意的效果。

与企业所在地区经营环境相关的指标中，省人均 GDP 所代表的宏观经济环境，在 Cox 模型中的回归系数不显著，在 AFT 模型中只在 5%显著性水平上显著，说明所在地区的宏观经济状况对企业的生存风险影响较弱，这与史宇鹏等（2013）的研究结果类似。可能的解释是：随着我国各地区市场的一体化，企业营销往往面对的是全国市场，区域内部的宏观经济状况对企业来说已经影响有限了。省平均工资的 Cox 模型回归系数显著为正，AFT 回归系数显著为负，说明当地的用工成本越高，企业面临的市场退出风险越大、存续时间越短，这符合我们的认知常识；省平均工资每提高 1%，企业市场退出的风险率大约增加 0.2838%，平均存续时间大约减少 0.2621%。另外，企业所在地区的市场自由化程度与企业的退出风险负相关，这表明企业的生存风险不仅受到自身内部因素的影响，还受到地区营商软环境的影响，市场自由化程度越高的地区，企业面临的营商软环境越好，退出风险明显降低，这与昌和吴（Chang & Wu，2014）的研究结论相似。金融市场自由化程度和引进外资程度指标在 Cox 模型的回归系数均显著为负、AFT 模型的回归系数均显著为正，这可能意味着金融市场化自由度越高的地区，企业的外源性融资渠道越多；引进外资程度越高的地区，越有利于本土企业的"干中学"，有利于中外企业在合作、竞争中"互相学"（高凌云等，

2017），这两项因素的提高均有利于促进企业的生存与发展，降低企业的退出风险。

上述基准回归表明，企业的市场退出决策会受到当期税负的显著影响。据此，一个可能的疑问是：企业的市场退出决策，是否还会受到长期税负的累积影响？为检验税收负担的这一长期累积效应是否存在，本书采用企业进入后的历年平均税负 av_Tax$_1$ 作为解释变量，替代 Tax$_1$，重复表 4-6 的各列回归，结果如附表 2 所示。回归结果发现，无论是在 Cox 模型还是 AFT 模型中，av_Tax$_1$ 及其二次项的各列回归系数均不显著，这意味着企业进入后的长期平均税负，并非其市场退出的重要影响因素。对此，可能的解释是：企业家通常会及时采取扩大投资规模、提高投资使用效率等措施，尽量及早化解当期税负对其经营所造成的不利影响，不会让这种不利影响长期积累下去；假如无法及时化解，便会选择当期退出市场。也就是说，企业家的市场退出决策主要关注的还是当期税负，而不是历史税负。

2. 稳健性检验

本章的主要解释变量是企业的有效税负（Tax$_1$），但正如本章 4.3 节所言，既有文献对企业有效税收的度量，差异很大，尚无一致标准。因此，在稳健性检验部分，将参考诸多文献，用不同的税负度量方式，替代 Tax$_1$，重复表 4-6 的主要回归，结果如表 4-7 和表 4-8 所示。

表 4-7　税收负担对企业生存风险影响的稳健性检验——Cox 模型

	(1)	(2)	(3)	(4)
Tax$_2$	-0.3070 *** (-8.25)			
Tax$_2^2$	0.2272 *** (5.46)			
Tax$_3$		-1.7979 *** (-12.55)		
Tax$_3^2$		11.0671 *** (10.82)		
Tax$_4$			-0.7750 *** (-20.38)	

	（1）	（2）	（3）	（4）
Tax_4^2			1.2640 *** (17.96)	
Tax_5				− 1.8896 *** (− 8.68)
Tax_5^2				13.4620 *** (8.74)
Control	Y	Y	Y	Y
Log Likelihood	− 998473.18	− 2834445.9	− 2794868.3	− 1395962.9
N	422777	1093348	1078879	734079

表 4 − 8　　税收负担对企业生存风险影响的稳健性检验——AFT 模型

	（1）	（2）	（3）	（4）
Tax_2	0.3144 *** (12.14)			
Tax_2^2	− 0.2399 *** (− 8.26)			
Tax_3		1.6113 *** (15.70)		
Tax_3^2		− 11.0638 *** (− 15.06)		
Tax_4			0.6314 *** (23.12)	
Tax_4^2			− 1.0211 *** (− 20.11)	
Tax_5				1.8269 *** (11.88)
Tax_5^2				− 13.0545 *** (− 12.07)
Control	Y	Y	Y	Y

	（1）	（2）	（3）	（4）
Log Likelihood	−138940.79	−362688.65	−358101.42	−208640.68
N	422777	1093348	1078879	734079

其中，表 4 - 7 的各列，是在保持其他控制变量不变的情况下，分别用企业有效税负不同度量方式的指标作为主要解释变量，替代 Tax_1 进行表 4 - 6 第（3）列的 Cox 模型检验。具体而言，$Tax_2 =$ 应交税额/利润总额；$Tax_3 =$ 应交税额/工业销售额；$Tax_4 =$ 应交税额/工业增加值；$Tax_5 =$ 应交税额/营业收入。结果显示，无论将税收负担这一解释变量以何种方式度量，其对企业市场退出风险率的影响均呈先降低后增加的"U"型关系：税收负担的一次项系数显著为负，二次项系数显著为正。

与之相对应，表 4 - 8 的各列，是分别用企业有效税负不同度量方式的指标，重复表 4 - 6 第（4）列的 AFT 模型回归。结果显示，无论税收负担的度量方式如何改变，其对企业市场存续时间的影响均呈先增加后降低的倒"U"型关系。

表 4 - 7、表 4 - 8 的回归结果表明，表 4 - 6 基准回归所得的主要结论稳健成立。

有必要说明的是，稳健性检验时，随着企业有效税负度量方式的改变，导致各列回归的样本量发生变化，其中，以 Tax_2 和 Tax_5 作为解释变量时，样本量剧烈减少。这是因为：①Tax_2 采用"应交税额/利润总额"的度量方式，而工企数据库中，大量企业的利润额数据为 0 或者负值，回归时需要剔除这些样本，否则难以有效反映税负高低。另外，聂辉华等（2012）提出，工企数据库中的企业利润数据可能存在低报现象，这在本书的回归结果中也有所验证：如表 4 - 7 第（1）列回归结果所示，以"应交税额/利润总额"计算的税负对企业退出风险"U"型影响的拐点值约为 67.56%，数值较高，这很可能是由样本利润额数据系统性低报所致，未影响系数显著性，但影响了系数值的大小。②Tax_5 采用"应交税额/营业收入"的度量方式，而工业企业数据库中，存在"主营业务收入"指标，却没有"营业收入"指标，直到 2004 年之后将"其他业务收入"指标纳入统计，才得以计算企业的营业收入，这

导致以 Tax_5 作为解释变量时，样本量明显下降。

除更换变量度量方式外，更换回归样本也是稳健性检验的常用方法。为此，本书拟采用工企数据库 2011～2013 年的企业样本，重复表 4－6 的各列回归。正如前面所说，我国公开的工企数据库更新到了 2013 年，之所以选择 2011～2013 年的样本进行稳健性检验，是因为 2011 年时，工企数据库的样本统计口径发生了改变，之前是将主营业务收入不小于 500 万元的企业纳入统计，2011 年开始将统计口径调整为不小于 2000 万元（聂辉华等，2012）。这意味着，一些企业在 2011 年从数据库中的消失并非其市场消亡所致，而可能是统计口径的调整所致。考虑到生存分析模型的特殊性，不能将 2011 年前后的样本放在一起回归，既然基准回归时用了前期样本，则稳健性检验时采用 2011 年之后的样本。

更换样本之后，回归结果如表 4－9 所示：第（1）、第（2）列的解释变量只有 Tax_1 的一次项，无论是在 Cox 模型还是 AFT 模型中，Tax_1 的回归系数均不显著。为了进一步观察，在第（3）、第（4）列回归中加入解释变量 Tax_1 的二次项，结果发现，在第（3）列的 Cox 模型中，Tax_1 的一次项系数显著为负、二次项系数显著为正，说明税收负担的上升会给企业的生存风险带来先下降后提升的"U"型影响，这与表 4－6 中第（3）列的回归结论一致；在第（4）列 AFT 模型中，Tax_1 的一次项系数显著为正、二次项系数显著为负，说明税收负担的上升会给企业的市场存续时间带来先提升后下降的倒"U"型影响，这与表 4－6 中第（4）列的回归结论一致。

表 4－9　税收负担对企业生存风险影响的稳健性检验——更换新样本

	(1) Cox	(2) AFT	(3) Cox	(4) AFT
Tax_1	−0.0025 (−1.35)	0.0007 (0.52)	−0.0542 *** (−9.09)	0.0462 *** (11.23)
Tax_1^2			0.0077 *** (9.22)	−0.0068 *** (−11.79)
Control	Y	Y	Y	Y
N	29162	29162	29162	29162

4.5.2　异质性检验

既有文献发现，不同类型的企业对税收负担的敏感度和耐受性可能存在差异；同时，不同的税种形式由于转嫁方式和难度的差异，对企业的影响程度也可能存在差异。因此，本书将从企业异质性和税种形式异质性两个角度，分别考察不同企业对税负的敏感性，以及不同税种形式税负对企业生存风险的影响差异。

1. 企业异质性检验

本书将从企业的所有制形式、产业类型、TFP 大小、资产规模、经营时间和所在地区 6 个维度，考察税负对不同类型企业的影响差异。

（1）不同所有制企业。如前面所述，样本处理时，国有企业已被剔除，剩余企业按实收资本的股权构成形式，可分为集体企业、私营企业、外资与港澳台企业三类，股权构成缺失的企业，按其注册时的所有制类型进行归类，并在其他控制变量不变的情况下，分别检验税收负担对三类企业生存风险的影响。

表 4 - 10 的第（1）、第（2）列，是对集体企业的 Cox 模型检验，第（3）、第（4）列是对私营企业的检验。结果发现，对这两类企业的回归，解释变量 Tax_1 的系数显著性和符号方向与全样本基准检验的结果完全一致：一次项系数显著为负，二次项系数显著为正，说明税收负担的逐步提高对这两类企业退出市场的风险率呈先降后增的"U"型影响。但是，在对外资与港澳台企业进行检验时，结果出现了差异，如第（5）、第（6）列所示：Tax_1 的一次项系数和二次项系数均不显著。这意味着，税收负担只对集体企业和私营企业存在显著性影响，对外资和港澳台企业的影响基本可以忽略。第（7）、第（8）列是用全样本回归，分别加入了企业所有制类型的虚拟变量（Owner）及其与企业税负的交乘项 "$Tax_1 \times Owner$" "$Tax_1^2 \times Owner$"，结果发现，Owner 与交乘项的系数均极显著，说明税负对不同所有制类型企业造成的影响确实存在显著差异。

表4-10　税收负担对不同所有制企业生存风险影响的 Cox 模型检验

	集体企业		私营企业		外资及港澳合企业			
	(1)	(2)	(3)	(4)	(5)	(6)	(7)	(8)
Tax_1	-0.6659*** (-4.99)	-3.5283*** (-9.64)	-0.1853** (-2.31)	-2.1560*** (-9.61)	0.0813 (0.46)	-0.1869 (-0.41)	-0.8000*** (-3.91)	-5.2627*** (-9.29)
Tax_1^2		21.5859*** (8.35)		15.2211*** (9.46)		2.3255 (0.64)		33.1583*** (7.99)
$Tax_1 \times Owner$							0.2958*** (2.92)	1.6174*** (5.83)
$Tax_1^2 \times Owner$								-9.5396*** (-4.57)
$Owner$							-0.1460*** (-23.89)	-0.1753*** (-23.55)
Control	Y	Y	Y	Y	Y	Y	Y	Y
Log Likelihood	-307519.3	-307497.2	-1299797	-1299765	-254387.3	-254387.1	-2007863.1	-2007807.8
N	101343	101343	545073	545073	158648	158648	805064	805064

此外，与表4-10各列一一对应，在控制变量不变的情况下，还分别对三类企业进行了 AFT 模型检验，结果见附表3。同样发现，税收负担只对集体企业和私营企业的市场存续时间存在先增后减的倒"U"型影响，对外资和港澳台企业的影响并不显著，印证了表4-10的研究结论。

对此可能的解释是：改革开放以来，为了吸引外部资本，我国地方政府给予外商和港澳台投资企业大量税收之外的优惠政策，诸如廉价的工业用地、更好的配套施舍、更积极的政府服务等，导致税收政策对这类企业的影响程度有所下降；同时，进入中国的外资及港澳台企业，往往是技术、资本、管理等综合实力较为强劲的跨国企业，这些企业应对税收政策冲击的能力更强，税负对它们的影响力更弱。

对其他控制变量的回归发现，不同类型企业生存风险的影响因素存在一定差异。如全要素生产率会对私营企业的生存风险造成影响，但对集体企业和非本土企业的影响不显著；资产负债率会显著提高私营和非本土企业的退出风险，但对集体企业的影响并不显著；而政府补贴会显著影响集体企业的生存，但对私营和非本土企业的影响并不显著；以人均 GDP 所反映的宏观经济波动对外资企业生存风险的影响，明显大于对本土企业的影响。企业规模、经营年限、资本密集度、利润率、所在地区劳动力成本等因素对三类企业均会带来显著影响。

（2）不同产业类型企业。已有不少文献指出，不同产业类型的企业，其生存发展的影响因素具有明显差异（Agarwal et al.，2002；郝前进等，2011），因此，本书希望能够了解税收负担对不同产业企业的影响差异。参考王德文等（2004）、鲁桐等（2014）的方法，将企业按其所属行业分为劳动密集型、资本密集型和技术密集型企业，在其他控制变量不变的情况下，检验税收负担对不同产业类型企业生存风险的影响，结果如表4-11所示。

第（1）、第（2）列是对劳动密集型企业的 Cox 模型检验，第（3）、第（4）列是对资本密集型企业的检验，第（5）、第（6）列是对技术密集型企业的检验，分样本重复表4-6的第（1）、第（3）列回归。结果显示，在对三类企业的回归中，主要解释变量企业税负（Tax_1）的一次项系数和二次项系数均极显著，税负对企业退出风险的"U"型影响进一步得到印证。第（7）、第（8）列是用全样本回归，分别加入了企业产业类型的虚拟变量（Indus）及其与企业税负的交乘项

表 4 – 11　　税收负担对不同产业类型企业生存风险影响的 Cox 模型检验

	劳动密集型企业		资本密集型企业		技术密集型企业			
	(1)	(2)	(3)	(4)	(5)	(6)	(7)	(8)
Tax_1	0.3221*** (3.65)	-0.7948*** (-3.35)	-0.5080*** (-5.51)	-2.0110*** (-7.81)	-0.5087*** (-5.27)	-1.8644*** (-6.82)	0.6187*** (4.56)	-0.4958 (-1.35)
Tax_1^2		8.6727*** (5.10)		11.7276*** (6.25)		10.6366*** (5.31)		8.5585*** (3.21)
$Tax_1 \times Indus$							-0.4208*** (-6.55)	-0.5161*** (-2.92)
$Tax_1^2 \times Indus$								0.8166 (0.63)
$Indus$							-0.0429*** (-3.59)	-0.0370*** (-3.03)
Control	Y	Y	Y	Y	Y	Y	Y	Y
Log Likelihood	-891374.8	-891365.5	-852535.8	-852522.0	-827931.1	-827920.5	-2827345.0	-2827312.3
N	360949	360949	347566	347566	382858	382858	1091373	1091373

"$Tax_1 \times Indus$"，结果发现，$Indus$ 与交乘项 $Tax_1 \times Indus$ 的系数均极显著，说明税负对不同产业类型企业造成的影响确实存在显著差异。

值得注意的是，对劳动密集型企业单独回归时，若只包含 Tax_1 的一次项，则该项系数显著为正。这意味着，与其他两类企业不同，对劳动密集型而言，企业税收负担总体上增大了该类企业的退出风险。对此可能的解释是，在劳动密集型企业中，税收的替代效应占主导地位。同时，加入 Tax_1 的二次项之后，虽然三类企业都呈现了"U"型回归结果，验证了税负对企业生存风险的正面抑制效应和负面刺激效应均存在，但拐点处的税负值存在差异：劳动密集型企业拐点处的税负值最小，为4.58%；技术密集型企业的最大，为8.76%；资本密集型企业介于二者之间，拐点处的税负值为8.57%。很显然，影响劳动密集型企业生存的税负拐点更低，这意味着劳动密集型企业对税负的耐受程度相对更低，替代效应相对更强烈，当税负越过4.58%之后，资本密集型和技术密集型企业尚有继续采取其他对冲措施的空间，可以抵消税负提高对企业生存的不利影响，而劳动密集型企业却已经普遍表现出了明显的市场退出情绪。

之所以存在这种差异，可能的原因是多方面的。一方面，相比于资本密集型和技术密集型企业，劳动密集型企业的利润空间往往更小，税负的增加更容易降低劳动密集型企业的税后净利润，导致这类企业扩大再生产的资本成本相对更高，限制了这类企业通过加大投资、获取规模收益这一途径对冲税负对企业的不利影响。另一方面，相对而言，劳动密集型行业的入行门槛相对更低，长期的激烈竞争导致行业内的技术更趋于成熟和稳定，企业继续改进生产工艺、管理方式的空间并不大，通过改善资本投资产出效率的途径以对冲税负对企业生存不利影响的空间也就较小；而技术密集型行业往往更多属于"朝阳产业"，行业内技术进一步提高的空间较大，企业也普遍更关注技术的进步，所以当企业面临税负逐步提高所带来的压力时，采取技术更新、产业升级等方式以提高投资产出效率的空间比较大。因此，无论是从投资规模还是投资产出效率的角度进行分析，利润空间相对较小、技术含量相对较低的劳动密集型企业，发挥税收收入效应和效率促进效应的途径都面临更大困难，税负替代效应的效果更为明显。

此外，与表4-11各列一一对应，在控制变量不变的情况下，还分别对三类企业进行了 AFT 模型检验，结果见附表4。同样发现，三类企业的税收负担与市场存续时间之间，均表现为倒"U"型关系，且劳动密集型企业在拐点处的税负值最低，约为 4.46%，而技术密集型的拐点值最高，约为 8.11%。因此，附表 4 可视为表 4-11 的稳健性检验，结论稳健。

（3）不同 TFP 企业。根据前一小节的检验和分析，似乎可以得出一个新的假设：技术含量越高的企业，税负带来的不利影响越小，且随着税负的逐步提高，税收替代效应占据主导作用的时点越靠后。

为验证这一假设，将企业全要素生产率（TFP）视为衡量企业技术含量高低的参考指标：TFP 越高的企业，可视为技术含量越高。然后，将企业按 TFP 从低到高依次排列，进行五分位分类，并在控制变量不变的情况下，依次进行 Cox 模型检验。结果如表 4-12 所示。

表 4-12　税收负担对 TFP 五分位企业生存风险影响的 Cox 模型检验

	(1)	(2)	(3)	(4)	(5)
Tax_1	0.1316 (1.20)	-0.1578 (-1.19)	-0.2585 ** (-2.00)	-0.4198 *** (-3.43)	-0.3299 *** (-3.06)
Control	Y	Y	Y	Y	Y
Log Likelihood	-542733.05	-462526.38	-464187.39	-479361.85	-504578.06
	(6)	(7)	(8)	(9)	(10)
Tax_1	-1.3810 *** (-4.53)	-1.7963 *** (-5.02)	-1.1108 *** (-3.12)	-1.9750 *** (-5.92)	-0.4071 (-1.33)
Tax_1^2	11.7601 *** (5.38)	13.1652 *** (4.98)	6.8113 *** (2.58)	12.2606 *** (5.01)	0.5811 (0.27)
Control	Y	Y	Y	Y	Y
Log Likelihood	-542723.21	-462517.54	-464184.94	-479352.83	-504578.03
N	215597	217815	218783	219555	219623

第（1）~（5）列回归，样本的 TFP 依次从低到高，主要解释变量只有税收负担 Tax_1 的一次项。第（1）列的回归结果表明，对 TFP 最小的五分位企业单独进行回归时，Tax_1 的系数不显著，但为正值；第（2）~（5）列，随着企业 TFP 的提高，税负对企业生存风险的影响变为负值，并且显著性也越来越强。这反映出，随着企业 TFP 的逐步提高，税收负担对企业市场退出风险的降低效果似乎有增强的趋势；或者说，随着企业 TFP 的逐步降低，税收负担导致其退出市场的风险率逐步增强。

第 (6) ~ (10) 列是在引入了 Tax_1 的二次项之后, 重复第 (1) ~ (5) 列的回归。结果发现: 第 (6) ~ (9) 列中, Tax_1 的系数均显著为负, 二次项系数均显著为正, 即税负的逐步提高对这些企业的退出风险呈现出先降后增的 "U" 型影响, 在低税负阶段, 税负对企业投资规模的收入效应和对投资产出效率的促进效应占据主导地位, 税负的提高有助于降低企业退出的风险率, 但当税负超过某一拐点之后, 到了高税负阶段, 则替代效应占据主要地位, 企业的退出风险逐步增大。

对 TFP 最高的五分之一分位样本企业的回归结果较为特殊, 如第 (10) 列所示: 加入 Tax_1 的二次项之后, 一次项和二次项系数均不显著。结合第 (5) 列的回归结果, 可以说: 本书的样本中, 对 TFP 最高五分之一分位的企业而言, 税收负担带给其生存风险的不利影响基本可以忽略, 实证结果无法捕捉到税负替代效应的影响, 相反, 对这类企业而言, 税负越高, 企业生存风险反而在降低。为什么会出现这种现象? 可能的解释是: TFP 越高的企业, 往往对市场的垄断能力越强, 拥有更主动的市场定价权, 因此, 这些企业对税负的转嫁能力也更强。对这类企业而言, 一方面, 税负的增加可以完全转嫁给消费者; 另一方面, 企业账面负担的增加可能促使企业加大投资力度、加速创新升级、提高投资产出效率, 以期进一步保障其高技术带来的市场垄断收益, 这些措施最终会降低企业的退出风险。

综合表 4 - 12 各列的回归结果, 本书认为前面的假设成立: 同等税收负担对不同 TFP 企业生存风险的影响存在差异, 随着企业 TFP 的逐步越高, 税负所能带来的不利影响越来越小, 企业对税负的承受能力越来越强; 对 TFP 最高梯队的企业而言, 一定程度的增税对其生存风险的不利影响微乎其微, 基本可以忽略。

本书还进行了税收负担分别对 TFP 五分位企业生存风险影响的 AFT 模型检验, 以期作为表 4 - 12 的稳健性检验。结果如附表 5 所示, 与表 4 - 12 各列样本一一对应, 结果相互印证, 符合预期, 完全稳健。

(4) 不同规模企业。已有不少文献发现, 不同规模的企业在决策行为上存在诸多差异, 因此, 本书按总资产规模大小, 将样本企业进行三分位分类, 分为小、中、大型企业, 并在控制变量保持不变的情况下, 依次进行 Cox 模型检验, 以考察税收负担对不同规模企业的影响差异, 结果如表 4 - 13 所示。

表4-13　税收负担对不同规模企业生存风险影响的 Cox 模型检验

	(1)小型企业	(2)中型企业	(3)大型企业	(4)小型企业	(5)中型企业	(6)大型企业	(7)	(8)
Tax_1	-0.3028*** (-3.51)	-0.0724 (-0.76)	-0.0084 (-0.09)	-2.3374*** (-10.14)	-1.6674*** (-6.31)	0.0016 (0.01)	-0.6515*** (-5.02)	-3.3100*** (-9.19)
Tax_1^2				16.5514*** (9.61)	12.2460*** (6.51)	-0.0748 (-0.04)		21.6689*** (8.12)
$Tax_1 \times Scale$							0.2233*** (3.61)	0.9237*** (5.23)
$Tax_1^2 \times Scale$								-5.8591*** (-4.56)
Scale							-0.0658*** (-12.20)	-0.0792*** (-12.56)
Control	Y	Y	Y	Y	Y	Y	Y	Y
Log Likelihood	-1044443	-824652.3	-707512.1	-1044412	-824636.9	-707512.1	-2827300.2	-2827259.9
N	362745	363522	365106	362745	363522	365106	1091373	1091373

第（1）～（3）列回归，解释变量只引入了 Tax_1 的一次项。结果表明，只有在第（1）列，对规模最小分位的企业进行回归时，Tax_1 的系数才显著。第（4）～（6）列引入了 Tax_1 的二次项。结果发现，税收负担对小、中企业生存风险的影响，一次项系数显著为负，二次项显著为正，呈现先降后增的"U"型影响。对大企业的回归，如第（6）列回归所示，Tax_1 的一次项和二次项系数均不显著。结合第（3）列的回归结果，可以得出结论：税收负担对中、小型企业的生存风险影响更为显著；对大型企业而言，税负并非其生存风险的主要影响因素。

第（7）～（8）列是用全样本回归，分别加入了企业规模分位分类的虚拟变量（Scale）及其与企业税负的交乘项"$Tax_1 \times Scale$""$Tax_1^2 \times Scale$"，结果发现 Owner 与交乘项的系数均极显著，说明税负对不同规模类型企业造成的影响确实存在显著差异。

本书 4.4 节的统计分析表明，大型企业的实际税负相对更高。这种情况下，是什么原因导致了税负对大型企业生存风险的影响反而更不显著呢？可能的解释是：第一，规模越小的企业，往往退出市场的机会成本也越小，一旦市场风吹草动，容易选择退出，而大型企业已有大量的各种投入，一旦退出，损失往往更大，所以具有更强的市场定力，不会轻易退出（Kaniovski et al. , 2008）。第二，相比于大型企业，中小型企业的资本规模、营业经验比较少，在发展过程中面临着融资困难、技术薄弱、人才缺乏等瓶颈，税负提高降低了其收益，导致中小企业更难扩大投资规模或调整投资效率策略，其可选择对冲税负损失的技术空间比较小（庞凤喜等，2016）。第三，大企业往往具有更强的市场议价能力和区域垄断能力，税负更容易转嫁给其他厂商或消费者，相比之下，中小企业往往面临的是竞争性较高、需求弹性较高的市场环境，议价能力相对较低，税负并不容易转嫁（刘彩霞，2013；孙玉栋等，2016）。这些原因均会导致中小企业对税收负担的反应更为敏感。

（5）不同经营时间的企业。将企业样本按照其经营时间长短五分位分类，分别进行 Cox 模型检验，以期考察税收负担对新、老企业的生存风险是否存在影响差异，结果如表 4-14 所示。

表 4 – 14　　　税收负担对不同经营时间企业生存风险影响的 Cox 模型检验

	(1)	(2)	(3)	(4)	(5)	(6)
Tax_1	0.2107 * (1.90)	– 0.1754 (– 1.43)	– 0.1540 (– 1.11)	– 0.3325 *** (– 2.87)	– 0.8005 *** (– 6.95)	0.6209 *** (5.44)
$Tax_1 \times Time$						– 0.2884 *** (– 8.57)
Time						0.0708 *** (29.19)
Control	Y	Y	Y	Y	Y	Y
Log Likelihood	– 576988.25	– 488550.33	– 377039.72	– 553841.87	– 478841.46	– 2827012.4
	(7)	(8)	(9)	(10)	(11)	(12)
Tax_1	– 1.2560 *** (– 4.12)	– 1.4189 *** (– 4.19)	– 1.2803 *** (– 3.35)	– 1.8557 *** (– 5.96)	– 3.4728 *** (– 10.73)	– 0.0830 (– 0.26)
Tax_1^2	11.6517 *** (5.23)	9.8634 *** (3.98)	8.8994 *** (3.19)	11.9238 *** (5.24)	19.8744 *** (8.80)	5.9929 ** (2.53)
$Tax_1 \times Time$						– 0.5548 *** (– 5.77)
$Tax_1^2 \times Time$						1.8911 *** (2.71)
Time						0.0770 *** (25.88)
Control	Y	Y	Y	Y	Y	Y
Log Likelihood	– 576978.55	– 488544.61	– 377036	– 553831.97	– 478815	– 2826966.6
N	250117	229512	179751	240753	191240	1091373

87

　　第（1）~（5）列回归，样本企业的经营时间依次增长，解释变量只加入了 Tax_1 的一次项，其他控制变量不变。观察第（1）列对经营时间最短五分之一分位企业的回归结果发现，Tax_1 的系数为正且在 10%水平上显著，这意味着，对成立不久的新企业，税收负担与企业退出风险正相关，这可能是因为对这类企业而言，税负越高，企业家越愿意选择消费、储蓄等行为，以替代对企业的投资，导致企业退出市场的风险越大。第（2）~（5）列 Tax_1 的回归系数逐渐变为负值，且绝对值越来越大。这意味着，成立越久的企业，税负提高对其生存的负面影响越低，正面激励作用反而越来越强。

第（7）~（11）列，是在加入了 Tax_1 的二次项之后，重复第（1）~（5）列的回归。结果显示，各列回归的 Tax_1 的一次项系数均显著为负，二次项的系数显著为正，进一步验证了税收负担对企业退出风险的"U"型影响。第（6）~（10）列，随着样本企业经营时间的逐步增加，税负对企业退出风险"U"型影响的拐点处税负值依次为5.39%、7.19%、7.19%、7.78%、8.73%，呈渐次增大趋势。这意味着，成立年限最短的五分之一分位企业对税负的替代效应相对更为敏感，当实际税负上升到5.39%左右，如果继续提高，这类企业便普遍开始考虑退出市场；而成立时间最长的五分之一分位企业，税负的替代效应发挥主导作用的时点最晚，直到实际税负上升到8.73%左右，这类企业才会考虑退出市场。

第（6）~（12）列是用全样本回归，分别加入了企业经营时间分位分类的虚拟变量（Time）及其与企业税负的交乘项" $Tax_1 \times Time$ "" $Tax_1^2 \times Time$ "，结果发现 Time 与交乘项的系数均极显著，说明税负对不同经营时间分位类型企业造成的影响确实存在显著差异。

其原因可能是：一方面，大多数新企业往往资本规模和经营经验相对较少，抵御风险的能力相对较弱，税负的提高导致企业的税后收益降低，企业家可选择的对冲措施相对较少；另一方面，与老企业相比，新企业往往会抱着试一试的态度进入市场，其退出市场的心理准备也更为强烈，退出市场的机会成本也相对较小，一旦税后收益低于预期，其退出市场的机会成本也比较小。

（6）不同地区的企业。不同地区的企业，其生存风险的影响因素可能存在差异（毛其淋等，2013；于娇等，2015），那么税收负担的影响力是否一致，这也是本书所关注的问题。因此，在其他控制变量不变的情况下，本书考察了税收负担对不同地区企业生存风险的影响，回归结果如表4-15所示。

表4-15　税收负担对不同地区企业生存风险影响的 Cox 模型检验

	(1) 东部企业	(2) 中部企业	(3) 西部企业	(4) 东北企业
Tax_1	-0.2304 *** (-3.15)	-0.1145 (-1.04)	-0.2832 ** (-2.08)	-0.4962 *** (-2.67)

	（1）东部企业	（2）中部企业	（3）西部企业	（4）东北企业
Control	Y	Y	Y	Y
Log Likelihood	− 1654029. 3	− 446261. 26	− 301502. 86	− 174709. 41
	（5）东部企业	（6）中部企业	（7）西部企业	（8）东北企业
Tax_1	− 1. 4033 *** （ − 7. 03）	− 1. 1656 *** （ − 3. 70）	− 1. 8948 *** （ − 4. 92）	− 2. 9820 *** （ − 5. 88）
Tax_1^2	9. 4937 *** （6. 33）	7. 7644 *** （3. 55）	11. 9503 *** （4. 50）	19. 3809 *** （5. 30）
Control	Y	Y	Y	Y
Log Likelihood	− 1654014. 5	− 446257. 02	− 301495. 82	− 174699. 15
N	703994	165669	133291	88419

第（1）、第（5）列是关于东部企业生存风险的 Cox 模型检验，第（2）、第（6）列对应的是中部企业，第（3）、第（7）列对应西部企业，第（4）、第（8）列对应东北企业。无论在哪个地区，税收负担对企业退出风险的"U"型影响始终成立，且税负拐点值没有发现质的差别。

2. 税负形式异质性检验

在检验企业有效税负对生存风险影响效果的基础上，本书还想检验税负结构是否对企业的生存风险存在影响差异，即直接税与间接税负担的影响效果是否一致。为此，选择企业所得税税负与增值税税负，分别代表直接税和间接税的税负，对企业退出风险和市场存续时间的影响效果展开检验。

（1）不同税种税负对企业生存风险影响的基准检验。表 4 − 16 第（1）、第（2）列，是在其他控制变量不变的情况下，用企业所得税有效税负（$Inctax_1$）与企业增值税有效税负（$Vatax_1$）替换企业综合有效税负 Tax_1 作为解释变量，在不加入平方项的情况下，分别对企业退出风险率和市场存续时间进行 Cox 模型和 AFT 模型检验。结果发现，两列回归中，无论是企业所得税还是增值税税负，对企业生存风险和市场存续时间的影响均显著：Cox 模型回归系别为 - 2.4082、- 0.2322，AFT 模型的回归结果为 1.4713、0.1406，企业所得税税负（$Inctax_1$）的回归系数，明显大于增值税税负（$Vatax_1$）的回归系数。

表 4 - 16　　　　　不同税种税负对企业生存风险影响的基准检验

	(1) Cox	(2) AFT	(3) Cox	(4) AFT
$Inctax_1$	- 2.4082 *** （ - 13.86）	1.4713 *** （12.07）	- 5.1820 *** （ - 17.05）	3.7661 *** （17.17）
$Vatax_1$	- 0.2322 *** （ - 3.40）	0.1406 *** （2.92）	- 2.3133 *** （ - 14.05）	1.8343 *** （15.64）
$Inctax_1^2$			60.4353 *** （12.71）	- 49.9370 *** （ - 14.04）
$Vatax_1^2$			21.4169 *** （14.45）	- 17.5159 *** （ - 16.54）
Control	Y	Y	Y	Y
Log Likelihood	- 2827292.3	- 362032.18	- 2827172.1	- 361799.67
N	1091373	1091373	1091373	1091373

第（3）、第（4）列回归，是在保留其他回归变量不变的情况下，加入了 $Inctax_1$ 与 $Vatax_1$ 的平方项，分别重复第（1）、第（2）列的回归。结果显示：两种税负的一次项和二次项的系数均显著，在 Cox 模型中回归结果呈 "U" 型，在 AFT 模型中呈倒 "U" 型，这一回归结果也可视为是表 4 - 6 的一次稳健性检验。

回归结果中，有两个现象值得特别关注。第一，在第（1）、第（2）列回归中，企业所得税税负回归系数（ - 2.4082、1.4713）的绝对值明显大于增值税税负回归系数（ - 0.2322、0.1406）的绝对值。第（3）、第（4）列的回归结果延续了这一现象：无论是一次项还是二次项，所得税税负的回归系数绝对值始终明显大于对应的增值税税负的系数绝对值。这一现象意味着，在同等税负水平下，企业所得税税负这种直接税，要比增值税税负这种间接税，对企业市场退出风险率和存续时间的边际影响更为剧烈：在低税负阶段，相比于增值税，企业所得税税负的提高对企业退出风险的降低和生存时间的促进效果更为明显；在高税负阶段，企业所得税税负的提高对企业生存的打击更为剧烈。

第二，计算两种税负在拐点处的值发现，企业所得税税负在第（3）列 Cox 模型中的拐点值为 4.28%，在第（4）列 AFT 模型中的拐点值为 3.77%；而增值税税负在两个模型中的拐点值分别为 5.40%、5.24%。可见，相比于增值税税负，企业所得税税负的拐点值更为靠前。这意味着，企业对增值税这种间接税的可承受能力要比所得税这种直接税的可承受能力更强。

对上述两种现象的可能解释，正如第 3 章的理论分析部分所言：增值税作为间接税，税收负担容易转嫁，难以构成会计核算意义上的企业成本或费用；而企业所得税作为直接税，税负难以转嫁，往往纳税人即负税人，因此更容易影响纳税人的行为。

第 2 章的文献综述中提到，蒋小平等（2013）、高培勇（2016）、张金昌等（2017）分析认为，增值税税负比企业所得税税负对企业生存风险的影响更大，理由是：只有生存状况较好、实现利润或资本利得的企业才会承担企业所得税，当盈利不足、面临生存危机时，企业不会受到所得税的进一步伤害；而征收增值税时，不考虑企业能否存续、能否赢利，这实际上是企业的一种刚性成本。这种观点显然有一定道理，那么与本书的结论是否矛盾呢？实际上，上述学者的观点是基于现实税收政策、企业所得税纳税对象和总税收可以灵活调整情况下的分析；而本书所分析的是另外一种情况：假设政府想要征收的总税额固定，以哪种征税方式实现会对企业生存风险的影响更小？因此，两种观点针对的是不同的问题，结论并不矛盾。

（2）不同税种税负对企业生存风险影响的稳健性检验。将企业所得税税负和增值税税负放在同一方程中回归，是否可能由于存在自变量共线性问题，即企业所得税税负较高的企业，其增值税税负也比较高，从而使得增值税税负的影响效果被企业所得税所掩盖呢？为避免这种情况，分别将两种税负单独对因变量重复进行表 4-16 的第（1）和第（3）列回归，以及 Cox 模型的稳健性检验，结果如表 4-17 所示。

91

表 4 – 17   不同税种税负对企业生存风险影响 Cox 模型的稳健性检验（一）

	(1) Inc – Cox	(2) Vad – Cox	(3) Inc – Cox	(4) Vad – Cox
$Inctax_1$	– 2. 2296 *** （ – 13. 06）		– 5. 1580 *** （ – 17. 26）	
$Vatax_1$		– 0. 1428 ** （ – 2. 12）		– 2. 4168 *** （ – 14. 95）
$Inctax_1^2$			58. 7020 *** （12. 36）	
$Vatax_1^2$				22. 9383 *** （15. 63）
Control	Y	Y	Y	Y
N	1091373	1091373	1091373	1091373

可以看出，将各税种税负单独进行 Cox 模型检验时，企业所得税税负的回归系数依然明显大于增值税税负的回归系数；企业所得税税负的拐点值约为 4. 39%，增值税税负的拐点值约为 5. 27%。这说明，假如政府向企业征收同样规模的税收，整体上企业对增值税税负的耐受程度更强，与表 4 – 16 的结论一致。

另外，本书还将两种税负单独进行了 AFT 模型检验，结果见附表 6，上述结论依然稳健。

此外，正如本书 4. 3 节所言，既有文献对企业有效税负的度量方式差异很大，并无一致标准，因此，分别改变企业所得税和增值税税负的度量方式，重复表 4 – 16 第（3）、第（4）列的回归，作为进一步的稳健性检验。两种税负指标的具体度量方式参见 4. 3 节。回归结果如表 4 – 18 和附表 7 所示，其中，表 4 – 18 是分别用两种税负不同的度量方式，重复表 4 – 16 第（3）列的 Cox 模型检验；附表 7 是分别重复表 4 – 16 第（4）列的 AFT 模型检验。

表 4 – 18   不同税种税负对企业生存风险影响 Cox 模型的稳健性检验（二）

	(1)	(2)	(3)	(4)
$Inctax_2$	– 0. 7119 *** （ – 12. 10）			

	（1）	（2）	（3）	（4）
$Inctax_2^2$	1.4733 *** （9.82）			
$Vatax_2$	−0.2538 *** （−6.42）			
$Vatax_2^2$	0.1835 *** （3.27）			
$Inctax_3$		−5.2868 *** （−17.35）		
$Inctax_3^2$		60.4965 *** （12.97）		
$Vatax_3$		−2.3499 *** （−14.57）		
$Vatax_3^2$		19.8000 *** （13.95）		
$Inctax_4$			−1.3907 *** （−18.31）	
$Inctax_4^2$			4.6850 *** （16.18）	
$Vatax_4$			−0.8865 *** （−20.70）	
$Vatax_4^2$			1.8552 *** （18.92）	
$Inctax_5$				−6.2924 *** （−14.33）
$Inctax_5^2$				80.1636 *** （11.72）
$Vatax_5$				−2.7422 *** （−11.03）
$Vatax_5^2$				28.1956 *** （12.55）
Control	Y	Y	Y	Y
N	422777	1093348	1078879	734079

表4-17、表4-18的结果显示：①无论企业所得税与增值税的税负以何种方式度量，两种税负的一次项和二次项回归系数始终显著，说明随着两种税负的逐步提高，它们对企业的市场退出风险均呈"U"型影响，对企业市场存续时间均呈倒"U"型影响。②无论是一次项还是二次项，所得税税负回归系数的绝对值始终明显大于对应的增值税税负系数的绝对值。这说明在同等税负水平下，企业所得税这种直接税比增值税这种间接税对企业市场退出风险率和存续时间的影响更为剧烈；③所得税税负的拐点值始终小于增值税税负的拐点值，说明假如政府以不同的税种形式向企业征收同等规模的税收，对企业而言，增值税税负导致的替代效应发挥主导作用的时点更晚，企业对增值税这种间接税的承受能力要比企业所得税这种直接税的承受能力更强一些。这三个结论，始终稳健。

4.6　本章小结

在第3章理论分析的基础上，本章应用"中国工业企业数据库"1998～2008年数据（2011～2013年数据只用于基准回归的稳健性检验），先对我国企业的税收负担和生存风险基本特征进行了统计分析。结果显示：样本区间内，以"应交税额/主营业务收入"计算的企业有效税负均值约为4.65%，实际企业所得税税负均值约为0.66%，实际增值税税负均值约为3.24%。以"本年应交企业所得税/利润总额"计算的企业所得税税负，均值约为10.28%；以"本年应交增值税/工业增加值"计算的增值税税负，均值约为12.52%。长期以来，我国企业的实际税负明显低于名义税负，这与王延明（2003）、高培勇（2006）、范子英（2016）等的观点一致。需要注意的是，在这种情况下，许多企业既已享有了事实上的税收优惠，那么即使未来出台一些降低法定税率的政策，对企业实际税负的降低效果可能也会大打折扣。

从税负的分布来看，不同类型的企业之间略有差异：相比外资及港澳台企业，内资企业的平均税负更高；技术密集型企业的平均税负高于劳动密集型的企业；大型企业的平均税负略高于小型企业；中西部企业的平均税负高于东部企业。从税负的时间趋势来看：在2003年之前，我国企业的平均税负呈上升趋势,从 2003 年之后,呈逐年下降趋势。

样本区间内,我国企业具有较高的年均退出率,约为 21.31%;其中,外资及港澳台企业的年均退出率明显低于本土企业,技术密集型企业低于劳动密集型企业,大规模企业明显低于小规模企业,东部企业明显低于中西部企业。

在统计分析的基础上,利用 Cox 比例风险模型和 AFT 加速失效模型,实证检验税收负担对企业生存风险的影响,以及不同税种税负带来的影响差异。结果发现:总体上,我国企业的实际税负并未恶化企业的生存环境;随着企业税收负担的逐步提高,税收负担对企业退出市场的风险率造成先抑制后增强的"U"型影响,对企业的存续时间造成先提高后降低的倒"U"型影响。这一结果符合第 3 章理论分析的预期:在低税负阶段,随着企业税负的提高和企业边际收益的下降,企业家为了减少损失,会通过适当扩大企业投资规模以期取得规模收益,或通过改善管理方式、生产技术等方式提高投资的产出效率,借以对冲税负提高对企业经营带来的不利影响,从而降低企业的退出风险;当税负提高到一定程度之后,上述对冲措施的成本逐步增大,企业家宁愿选择消费、储蓄等其他行为来降低企业的投资规模,甚至退出市场,从而导致生存风险迅速增大。

回归结果显示,以"应交税额/主营业务收入"计算的企业税负拐点值,约在 6.95% ~ 7.45%。在本书的样本区间内,税负超过 6.95% 的企业样本约占到全样本的 23.38%,因此,我国企业的税收负担整体上并未高到抑制企业生存的程度。这与刘尚希(2016)、李文(2017)、钱金保等(2018)等的判断近似。

在此基础上,本章从企业的所有制形式、产业类型、全要素生产率(TFP)大小、资产规模、经营时间、所属地区等维度,考察税收负担对异质性企业生存风险的影响差异。结果发现:①税收负担对外资和港澳台企业的影响并不显著,只对本土的集体企业和私营企业造成了显著影响。②相比于资本密集型和技术密集型产业的企业,劳动密集型产业的企业对税收的承受能力更弱,存在一定的减税必要性。③TFP 越高的企业,对税负的耐受能力越强。研究样本中,对 TFP 最高五分之一分位的企业而言,税负对其生存风险带来的不利影响基本可以忽略。④税收负担对中、小企业生存的影响更为显著;对大企业而言,税收负担并非其生存风险的显著影响因素。⑤成立越久的企业对税负的耐受能力越强，相比之下，对新成立企业存在一定的减税必要性。

本书进一步检验了直接税与间接税税负对企业生存风险的影响差异，结果发现，无论是企业所得税税负还是增值税税负，对企业退出风险率的影响均呈"U"型，对企业存续时间的影响均呈倒"U"型。平均而言，以"本年应交税额/主营业务收入"所计算的最优企业所得税税负，约为3.77%，最优增值税税负约为5.24%；以"本年应交税额/营业收入"所计算的最优企业所得税税负值，约为3.93%，最优增值税税负约为4.87%。假如政府想要征收固定额度的税收，以企业所得税这种直接税的征税方式实现，会比以增值税这种间接税的征税方式实现对企业生存的影响更为剧烈，企业对直接税税负变动的反应更为敏感。

对控制变量的检验结果显示：整体上，TFP、资产规模、利润率等因素与企业退出的风险率负相关，与企业存续时间正相关，TFP越高、资产规模越大、利润率越高的企业，抵御市场风险的能力往往越强、市场寿命越长。资本密集度、资产负债率与企业退出的风险率正相关，与存续时间负相关，即资本密集度越高、债务率越高的企业，面临的市场风险越大、存续时间越短。相比于非出口企业，出口企业的市场退出风险更小，存续时间也会更长。企业的生存风险不仅受到自身内部因素的影响，还受到地区营商软环境的影响：区域市场化程度越高、金融自由度越高、引进外资程度越高的地区，企业面临的退出风险越小、市场存续时间越长；地区平均工资越高，则会导致企业的用工成本越大，进而提高企业面临的市场退出风险、降低存续时间。但具体而言，不同类型的企业，其生存风险的影响因素存在一定差异。

当前国内有关企业税负与企业生存风险之间关系的研究文献，基本上都是以定性判断为主，本章实证研究既有助于从微观层面认清我国企业实际税负和生存风险的现状，也有助于进一步探讨作为我国经济刺激计划重要组成部分的结构性减税政策的设计细节。

第5章 税收负担影响企业生存风险的机理

——基于投资行为渠道的实证研究

第4章已经验证了税收负担与企业退出风险之间存在"U"型关系。根据第3章的理论分析，造成这种影响的原因很可能是由企业投资行为（包括投资规模和投资产出效率两方面）的渠道作用所导致，即税收负担的提高，既可能对企业的投资规模产生作用相反的收入效应和替代效应，也可能对企业的投资产出效率产生倒逼的改进效应，三种效应均可影响企业的生存风险，但由于三种效应的作用方向并不一致，且各自发挥主导作用的时点有所差异，从而导致税收负担对企业市场退出风险的影响并非线性，而是"U"型。本章将实证检验投资行为这一渠道的作用，具体方法与当前其他实证文献对渠道效应的检验思路一致，通过三步检验来实现：在5.1节，检验税收负担对企业投资行为的影响；5.2节，检验投资行为对企业生存风险的影响；5.3节，将三者纳入同一回归方程，观察税收负担和投资行为变量的显著性和系数变化程度。

5.1 我国税收负担影响企业投资行为的实证研究

5.1.1 实证模型

为研究税收负担对企业投资行为的影响，本节的基准回归使用双向固定效应模型，即对以下方程进行估计：

$$y_{i,t} = \beta_0 + \beta_1 \cdot \text{Taxburden}_{i,t} + \gamma \cdot X_{i,t} + \text{Firm}_i + \text{Year}_i + u_{it} \quad (5.1)$$

其中，被解释变量 $y_{i,t}$ 表示企业 i 在 t 期的生产性投资规模或投资的产出效率。企业在实际生产中的投资方向可能很多，既包括有形资产的投资，也包括无形资产的投资，由于受到数据可得性的限制，对企业无形资产的投资存在度量困难。本书在具体回归时，参考李焰等（2011）、申广军等（2016）等文献，将分别从新增固定资产投资规模（FAI）和劳动力投资规模（Labor）两个角度，度量企业的投资规模；分别从资本产出效率（APK）和劳动产出效率（APL）两个角度，度量企业的投资产出效率，这样虽不能覆盖企业投资的全部，但已经可以论证本小节的核心论点。Taxburden$_{i,t}$ 为衡量企业有效税收负担的主要解释变量，在具体回归中用到了企业有效税负（Tax）、增值税有效税负（Vatax）、企业所得税有效税负（Inctax）以及它们的二次项，其系数 β_1 衡量了税负对投资规模或投资产出效率的影响程度。$X_{i,t}$ 为一系列可能直接影响因变量的控制变量，与第 4 章的控制变量相同，包括企业全要素生产率（TFP）、企业规模（Scale）、企业年龄（Age）、资本密集度（lnKLR）、利润率（Prof）、融资约束（Debt）、是否出口虚拟变量（Exp）、政府补贴程度（Subs）、省人均 GDP（lnGDP）、省人均工资（lnWage）、地区市场化程度（Market）、地区金融市场化程度（Fina）、地区引进外资程度（Fore）等。Firm$_i$ 为企业固定效应，Year$_i$ 为年固定效应。

5.1.2 数据说明

采用的原始企业数据主要来自于国家统计局的"中国工业企业数据库"。在数据合并时，借鉴布兰特等（2012）、毛其淋等（2013）、马光荣等（2014）、鲍宗客（2015）等的处理方法，具体操作与第 4 章一致，此处不再赘述。对样本中可能存在的异常值，借鉴毛其淋等（2013）、史宇鹏等（2013）、申广军等（2017）的方法进行了常规处理：第一，剔除遗漏重要财务指标（如工业增加值、总产值、固定资产净值、企业销售额等）的样本；第二，剔除工业总产值、工业销售额、工业增加值、固定资产净额、总资产等重要指标小于等于 0 的样本，以及员工人数少于 8 的样本；第三，剔除 1949 年之前成立的企业，以及年龄小于 0 的企业；第四，遵循一般会计准则，剔除固定资产大于总资产、流动资产大于总资产、固定资产净值大于总资产的样本。

鉴于企业生存数据和分析方法的特殊性，还做了以下处理：①剔除国有企业；②剔除生存数据存在间断的企业，仅保留持续存在的企业；③剔除实际税负小于 0、大于 100% 的样本，并通过企业税负这一主要解释变量进行首尾各 0.5% 的截尾处理，以降低极端值样本对回归结果的影响。

各省份人均 GDP 数据，以及指标计算时用到的 CPI、固定资产投资价格指数等来源于国家统计局的公开数据。

企业所在各地区的市场化程度、引进外资程度等数据来源于樊纲等（2011）的《中国分省份市场化指数报告》。

5.1.3　变量说明

1. 被解释变量

（1）新增固定资产投资（FAI）。既有文献常将企业固定资产投资额（或新增固定资产）作为反映企业投资行为的替代变量，但工业企业数据库中并没有企业固定资产投资的流量数据，一些学者将当期固定资产总额与前期固定资产总额相减得到的数值视为每年新增的投资额。实际上，从会计角度来讲，这种做法并不严谨，因为该数值中不仅包含当年的新增投资额，还包含资产折旧带来的减少额。本研究用"当期固定资产 – 前期固定资产总额 + 前期折旧"计算出新增固定资产，再用2000 年的固定资产投资价格指数平减之后取对数，作为企业固定资产投资规模的替代变量。不过，由于部分企业的折旧数据缺失，导致在有关 FAI 的回归时，样本量会有所减少。

（2）劳动力投资（Labor）。用企业的职工人数取对数进行度量。

（3）资本产出效率（APK）。参考申广军等（2016）、宋丽颖等（2017）的方法，用"工业增加值/固定资产存量"的对数值来度量。

（4）劳动产出效率（APL）。参考申广军等（2016）、宋丽颖等（2017）的方法，用"工业增加值/职工人数"的对数值来度量。

2. 核心解释变量与控制变量

核心解释变量主要包括企业有效税收负担、企业所得税有效税负、增值税有效税负。

（1）企业有效税收负担（Tax）。本书在基准回归中，采用"$Tax_1 = $ 应交税额/主营业务收入"作为企业有效税负的度量指标。为了克服可能存在的度量缺陷，在稳健性检验时，参考其他文献，采用以下 4 种度量指标作为 Tax_1 的替代：借鉴王昉（1999）、李春瑜（2016）的方法，采用"$Tax_2 = $ 应交税额/利润总额"；借鉴杨之刚等（2000）、许伟等（2016）的方法，采用"$Tax_3 = $ 应交税额/工业销售额"；借鉴张俊伦等（2012）、汪德华等（2015）等的方法，采用"$Tax_4 = $ 应交税额/工业增加值"；借鉴张骏等（2014）、申广军等（2016）、孙玉栋等（2016）、宋丽颖等（2017）的方法，采用"$Tax_5 = $ 应交税额/营业收入"。

（2）企业所得税有效税负（Inctax）。同上，本书的基准检验中用"$Inctax_1 = $ 本年应交企业所得税/主营业务收入"衡量企业所得税有效税负。稳健性检验时，分别采用"$Inctax_2 = $ 本年应交企业所得税/利润总额""$Inctax_3 = $ 本年应交企业所得税/工业销售额""$Inctax_4 = $ 本年应交企业所得税/工业增加值""$Inctax_5 = $ 本年应交企业所得税/营业收入"等指标作为 $Inctax_1$ 的替代变量。

（3）增值税有效税负（Vatax）。同上，基准检验时，用"$Vatax_1 = $ 本年应交增值税/主营业务收入"衡量增值税的有效税负；稳健性检验时，分别采用"$Vatax_2 = $ 本年应交增值税/利润总额""$Vatax_3 = $ 本年应交增值税/工业销售额""$Vatax_4 = $ 本年应交增值税/工业增加值""$Vatax_5 = $ 本年应交增值税/营业收入"等指标作为替代变量。

为降低遗漏变量可能导致的估计结果偏误，本书主要将以下指标纳入控制变量：

（1）企业全要素生产率（TFP）。采用奥利和佩克斯（1996）的估算方法（OP 法）获得。

（2）企业规模（Scale）。用总资产的对数值表示。

（3）资本密集度（lnKLR）。用"ln（固定资产/从业人员数）"表示。其中，固定资产是用以 2000 年为基期的固定资产投资价格指数进行平减获得。

（4）盈利能力（Prof）。用"利润总额/总资产"来反映，预期其对企业市场退出风险率的影响为负。

（5）资产负债率（Debt）。用"负债总额/总资产"表示，预期其对企业市场退出风险率的影响为正。

（6）企业是否出口（Exp）。加入反映企业出口行为的虚拟变量，有出口则赋值为 1，反之为 0。

（7）企业年龄（Age）。用"调查年份 – 开业年份"表示。

（8）政府补贴程度（Subs）。用"补贴收入/主营业务收入"表示。

（9）地区人均 GDP（lnGDP）。采用各省份人均 GDP 的对数值来衡量企业所在地区的年度宏观经济状况，其中，各省份 GDP 是以 2000 年为基期的 CPI 平减所得。

（10）地区人均工资（lnWage）。采用企业所在地区的平均工资的对数值来反映企业在当地的用工成本。

（11）地区市场化程度（Market）。樊纲等（2011）编辑的中国分省份市场化指数能够较好反映我国不同地区的市场环境和法律条件，被诸多研究文献所采纳（如袁卫秋，2014；何轩等，2016；卫旭华等，2018），因此，本书也采用该报告中的数据。

（12）地区金融市场化程度（Fina）。将地区金融市场化程度纳入控制，数据来源同上。

（13）地区引进外资程度（Fore）。控制企业所在地区的引进外资程度，数据来源同上。

此外，加入了样本企业所属行业（i. Indu）、省份（i. Prov）、年份（i. Year）的固定效应变量。

5.1.4 主要变量的描述性统计

核心解释变量和控制变量的主要统计量与表 4 – 2 相同，这里不再赘述。表 5 – 1 列出了被解释变量的主要统计量。

表 5 – 1　　　　　　　　　被解释变量的统计性描述

变量	平均值	标准差	最小值	最大值	中位数
固定资产投资（FAI）	4.5832	3.5303	– 11.3780	17.0600	5.5177
劳动力投资（Labor）	4.6459	1.0414	2.0794	12.1450	4.5643
资本产出效率（APK）	0.4028	1.3616	– 22.1116	13.5318	0.3802
劳动产出效率（APL）	3.9410	1.1248	– 19.5435	11.6586	3.8936

资料来源：由"中国工业企业数据"（1999 ~ 2007 年）计算所得。

5.1.5 实证结果与分析

1. 我国税收负担对企业投资规模影响的实证结果

下面从企业的新增固定资产投资（FAI）、劳动力投资（Labor）两个维度，考察税收负担对企业投资规模的影响；同时，与第3章的理论分析及第4章的实证检验对应，本章也关心不同税种税负对企业投资规模的影响是否存在差异。

（1）税收负担对企业投资规模影响的实证结果。

①基准检验。

在保持其他控制变量不变的情况下，采用双向固定效应模型检验企业税收负担（Tax_1）对企业投资规模的影响。基准回归结果如表5-2所示。

表5-2　　　　税收负担对企业投资规模的影响检验

	(1) FAI	(2) Labor	(3) FAI	(4) Labor	(5) Ⅳ-FAI	(6) Ⅳ-Labor
Tax_1	1.3523 *** (5.85)	0.1549 *** (6.73)	3.4688 *** (5.80)	0.9533 *** (15.95)	107.1867 *** (3.82)	31.8269 *** (8.99)
Tax_1^2			-15.7307 *** (-3.82)	-5.9887 *** (-15.11)	-712.3000 *** (-3.50)	-220.8163 *** (-8.59)
TFP	-0.3823 *** (-16.55)	-0.0433 *** (-16.34)	-0.3807 *** (-16.48)	-0.0428 *** (-16.16)	-0.2928 *** (-8.36)	-0.0301 *** (-6.63)
Scale	2.3654 *** (127.88)	0.2700 *** (142.55)	2.3645 *** (127.83)	0.2699 *** (142.55)	2.2736 *** (82.18)	0.2708 *** (112.86)
Age	-0.0065 *** (-3.11)	0.0025 *** (12.23)	-0.0065 *** (-3.13)	0.0024 *** (12.16)	-0.0080 *** (-3.38)	0.0018 *** (5.81)
lnKLR	-0.0347 ** (-2.23)		-0.0336 ** (-2.15)		0.0422 * (1.68)	
Prof	0.0423 *** (2.73)	0.0054 (0.82)	0.0423 *** (2.73)	0.0053 (0.82)	0.4126 *** (4.43)	0.1074 *** (8.97)
Debt	-0.0604 *** (-53.13)	-0.0027 *** (-22.97)	-0.0604 *** (-53.12)	-0.0026 *** (-22.93)	-0.0632 *** (-44.62)	-0.0028 *** (-15.46)

	（1）FAI	（2）Labor	（3）FAI	（4）Labor	（5）Ⅳ－FAI	（6）Ⅳ－Labor
Exp	0.0272 (1.19)	0.0681 *** (28.42)	0.0277 (1.21)	0.0682 *** (28.48)	0.0297 (0.98)	0.0626 *** (16.21)
Subs	−0.3890 ** （−2.08）	−0.0044 * （−1.81）	−0.3788 ** （−2.02）	−0.0044 * （−1.81）	−0.2957 （−1.01）	−0.0153 （−0.41）
lnGDP	0.6886 *** (4.83)	−0.0930 *** （−5.35）	0.6887 *** (4.84)	−0.0930 *** （−5.36）	0.7909 *** (4.93)	−0.1419 *** （−6.89）
lnWage	0.6073 *** (3.98)	−0.1824 *** （−10.10）	0.6117 *** (4.01)	−0.1808 *** （−10.01）	1.2582 *** (6.51)	−0.0478 * （−1.92）
Market	−0.2382 *** （−10.72）	0.0069 *** (3.01)	−0.2385 *** （−10.74）	0.0067 *** (2.94)	−0.3227 *** （−11.65）	−0.0025 （−0.69）
Fina	0.0353 *** (4.13)	0.0068 *** (7.99)	0.0350 *** (4.09)	0.0066 *** (7.86)	0.0159 (1.08)	−0.0025 （−1.34）
Fore	−0.0438 *** （−6.61）	−0.0079 *** （−11.27）	−0.0437 *** （−6.60）	−0.0079 *** （−11.20）	−0.0499 *** （−5.88）	−0.0035 *** （−3.19）
i.Year	Y	Y	Y	Y	Y	Y
N	763884	1144815	763884	1144815	573928	573928
adj. R^2	0.0777	0.1042	0.0778	0.1046		

注：括号内为 t 值。*** 、** 和 * 分别表示系数在 1%、5% 和 10% 的显著性水平下显著。本章后续各表皆同。

　　其中，第（1）、第（2）列，因变量分别为 FAI 和 Labor，主要解释变量只加入了 Tax_1 的一次项。结果发现，两列回归中 Tax_1 的系数均显著为正，这意味着，企业的税收负担总体上与其新增固定资产投资、劳动力投资呈正相关。

　　对此，可能存在两种解释：第一种，正如第 3 章的理论分析部分所言，在本书的样本范围内，税收负担的收入效应总体上占优势。随着企业税负的增加和利润的下降，企业家为了维持以往的收入水平，选择进一步扩大投资，以期通过规模收益来增加收入，弥补税负提高所导致的收入损失。第二种，上述回归结果可能仅由反向因果关系所导致，即税务机关在征税时，可能会对投资规模越大的企业，征税率越高，对投资规模越小的企业，征税率越低。

进一步检验：在其他变量不变的情况下，加入 Tax_1 的二次项，重复第（1）、第（2）列的回归，结果如第（3）、第（4）列所示。可以发现，Tax_1 的一次项系数依然极显著，且系数符号未变，二次项系数也极显著，但符号与一次项的相反。这意味着，企业税收负担与企业新增固定资产投资、劳动力投资之间并非单调线性关系，而是曲线关系：在其他因素保持不变的情况下，随着税收负担的逐步提高，企业的投资规模先扩大后减少，二者之间表现为倒"U"型关系。这一现象很难用反向因果的原因进行解释，在一定程度上消除了内生性的影响，最可能的原因，正如第 3 章的理论分析部分所言：税收负担对企业投资规模的收入效应和替代效应同时存在。在低税负阶段，收入效应占主导地位，随着企业税负的增加和边际收益的下降，企业家愿意通过增加投资、获取规模收益来对冲这种损失；但随着税负的持续增加，超过某一临界值之后，企业家继续增加投资的机会成本过高，收益已经无法弥补税负带来的损失，所以企业家倾向于用消费、储蓄、金融投资等方式替代生产性投资，即在高税负阶段，替代效应占据主导地位，企业家倾向于降低投资规模。

进一步，采用工具变量法和两阶段最小二乘法（Two Stage Least Square，2SLS）分别重复第（3）、第（4）列的检验，以尽可能地排除内生性问题的干扰。本书借鉴黎日荣（2016）、张璇等（2017）的方法选取了两个工具变量：企业有效税负 Tax_1 的一期滞后项，以及该企业所属地区其他企业的年均有效税负。选择这两个工具变量的原因是：企业来年的税负与当年税负之间具有很强的相关性，但难以直接影响当年的投资决策；某企业所属地区其他企业的平均税负高低会影响该企业的税负，但难以直接影响该企业的投资决策。2SLS 的检验结果如第（5）、第（6）列所示，分别对比于第（3）、第（4）列，Tax_1 及其二次项的系数显著性与符号均未发生改变。另外，2SLS 的 F 统计量远大于施泰格和斯托克（Staiger & Stock，1997）提出的 10 的经验临界值，可拒绝弱工具变量的假设。

此外，控制变量的回归结果显示：企业 TFP、资产负债率、政府补贴力度等因素与投资规模负相关，这可能是因为，生产率越高的企业，对投资规模的依赖越小；资产负债率越高的企业，扩大投资的资金成本越大；政府补贴对企业投资行为具有"挤出效应"，补贴收入增加的企业反而减少了生产性投资。资产规模、利润率、地区金融市场化程度等因素与投资规模正相关，说明大规模企业更喜欢进一步扩大投资，利润率高的企业更喜欢扩大投资，而地区金融市场化程度越高，越便于企业获得外源性的投资资金，进而扩大投资。宏观经济走势与地区劳动力成本，对企业的新增固定资产投资具有促进作用，宏观经济越好、地区人工成本越高的情况下，企业更愿意加大固定资产的投资规模，但是，却对劳动力投入具有抑制作用。

②稳健性检验。

本小节是在确保其他控制变量不变的前提下，参考既有文献，改变解释变量和被解释变量的度量方式，重复表 5 - 2 的回归，观察结果是否稳健。下面进行税收负担影响企业固定资产投资规模的稳健性检验。表 5 - 3 展示了检验结果。

表 5 - 3　　税收负担影响企业固定资产投资规模的稳健性检验

	(1)	(2)	(3)	(4)	(5)	(6)
Tax_1	0.3794 *** (11.62)	1.2418 *** (14.81)				
Tax_1^2		−6.4694 *** (−11.47)				
Tax_2			1.8538 *** (8.73)			
Tax_2^2			−7.5533 *** (−5.15)			
Tax_3				3.3837 *** (5.84)		
Tax_3^2				−13.8786 *** (−3.57)		
Tax_4					0.3426 ** (2.35)	
Tax_4^2					−1.0302 *** (−4.18)	
Tax_5						2.8344 *** (3.80)

	（1）	（2）	（3）	（4）	（5）	（6）
Tax_5^2						－14.2063 *** （－2.78）
Control	Y	Y	Y	Y	Y	Y
N	1144815	1144815	294616	765516	754649	584573
adj. R^2	0.2693	0.2695	0.0807	0.0779	0.0780	0.0877

其中，第（1）、第（2）列的回归，是借鉴既有参考文献的方法，改变被解释变量的度量方法，用企业当年固定资产总额作为被解释变量，分别重复表5-2的第（1）、第（3）列回归。结果发现，换了被解释变量的度量方式之后，主要解释变量 Tax_1 的系数显著性和符号均未发生改变。

正如本书4.3节所言，既有文献对企业有效税收这一主要解释变量的度量，差异很大，尚无一致标准，表5-3的第（3）~（7）列是改变企业税负这一主要解释变量的度量方式，重复表5-2第（3）列的回归。改变之后的解释变量 Tax_2 ~ Tax_5 的具体度量方式，参见4.3节。回归结果显示：改变了解释变量的度量方式之后，虽然回归系数值的大小有变化，但显著性仍然保持，且系数符号未发生改变，说明表5-2第（3）列的实证结论完全稳健：在企业的低税负阶段，税收负担对固定资产投资的收入效应占主要地位；当企业税负超过某一临界值之后，税收负担对固定资产投资的替代效应占主要地位。在两种效应的共同作用下，随着企业税收负担的逐步增加，对企业的固定资产投资规模造成了先促进后抑制的倒"U"型影响。

接着进行税收负担影响企业劳动力投资规模的稳健性检验，结果如表5-4所示。在其他控制变量不变的情况下，改变企业税收负担这一主要解释变量的度量方式，重复表5-2第（4）列的回归。结果发现：主要解释变量的回归系数依然显著，且系数符号未发生改变，说明表5-2第（4）列的实证结论完全稳健，即在收入效应和替代效应的共同作用下，随着企业税收负担的逐步增加，对企业的劳动力投资造成了先促进后抑制的倒"U"型影响。

表5－4　　　　　　税收负担影响企业劳动力投资的稳健性检验

	(1)	(2)	(3)	(4)
Tax_2	0.1200 *** (8.08)			
Tax_2^2	−0.0885 *** (−5.82)			
Tax_3		0.8879 *** (15.45)		
Tax_3^2		−5.5134 *** (−14.88)		
Tax_4			0.1593 *** (10.97)	
Tax_4^2			−0.3844 *** (−16.11)	
Tax_5				0.7573 *** (10.79)
Tax_5^2				−4.8961 *** (−10.54)
Control	Y	Y	Y	Y
N	442305	1146116	1131536	774276
adj. R^2	0.1322	0.1048	0.1043	0.0609

107

　　经过上述检验可以认为，表5－2的基准检验结论，完全稳健：随着企业税收负担的逐步提高，对企业的新增固定资产投资和劳动力投资呈现先促进后抑制的倒"U"型影响，这与第3章的理论分析结论一致。

　　（2）税种形式对企业投资规模影响差异的实证检验。

　　第4章曾检验直接税与间接税对企业生存风险的影响差异，因此，本章在了解综合税负对企业投资规模影响效果的基础上，也关注了税种形式对企业投资规模的影响是否存在差异。

　　保持其他控制变量不变，用企业所得税有效税负（$Inctax_1$）与增值税有效税负（$Vatax_1$）作为主要解释变量，替换Tax_1，重复表5－2的第（3）、第（4）列回归。结果如表5－5第（1）、第（2）列所示：无论是企业所得税税负还是增值税税负，其一次项系数均显著为正，二次项系数均显著为负，这意味着无论是直接税还是间接税税负，随着税负的提高，对企业的新增规定资产投资规模与劳动力投资规模皆呈倒"U"型影响。为防止企业所得税税负与增值税税负同时在一个回归模型出现时可能存在的共线性，在第（3）~（4）列的回归中，分别单独加入两种税负，重复第（1）列的回归，以作为不同税种负担影响企业新增固定资产投资规模的稳健性检验；在第（5）~（6）列回归中分别单独加入两种税负，重复第（2）列的回归，以作为不同税种负担影响企业劳动力投资规模的稳健性检验。结果发现，两种税负回归系数的显著性和符号均未发生改变，说明各税种税负对企业投资规模的倒"U"型影响确实成立。

表 5 −5　　　　　　　　　税种形式对企业投资规模的影响差异检验

	(1)	(2)	(3)	(4)	(5)	(6)
$Inctax_1$	7.0113 ***	2.2323 ***	7.1847 ***		2.3652 ***	
	(6.12)	(20.20)	(6.29)		(21.43)	
$Inctax_1^2$	−58.0695 ***	−29.7462 ***	−59.6158 ***		−30.9668 ***	
	(−3.24)	(−17.10)	(−3.33)		(−17.81)	
$Vatax_1$	1.9035 ***	0.9547 ***		2.3362 ***		1.0623 ***
	(2.72)	(13.56)		(3.35)		(15.10)
$Vatax_1^2$	−19.6341 ***	−7.5024 ***		−22.3541 ***		−8.1767 ***
	(−3.15)	(−12.24)		(−3.60)		(−13.33)
Control	Y	Y	Y	Y	Y	Y
N	763853	1144779	763853	763853	1144779	1144779
adj. R^2	0.0778	0.1054	0.0778	0.0777	0.1050	0.1046

　　此外，为规避可能存在的内生性问题，采用工具变量法进行两阶段最小二乘法（2SLS）回归，对表 5 − 5 的第（3）~（6）列进行重复检验，结果见附表 8。工具变量的选择，参考黎日荣（2016）、张璇等（2017），以企业所属地区其他企业所得税负的平均值，以及该企业所得税负的一期滞后项作为 $Inctax_1$ 及其二次项的工具变量；以企业所属地区其他企业增值税负的平均值，以及该企业增值税负的一期滞后项作为 $Vatax_1$ 及其二次项的工具变量。两列 2SLS 回归结果显示，两种税负及其二次项的回归系数依然显著，且符号未发生改变。另外，2SLS 的 F 统计量超过施泰格和斯托克（1997）提出的 10 的经验值，可拒绝弱工具变量的假设。

　　值得注意的是，对比两种税负的回归系数值发现，企业所得税税负的一次项和二次项回归系数的绝对值，始终明显大于对应的增值税税负的回归系数绝对值。这说明，企业所得税税负对企业投资规模的影响，比增值税税负的影响明显更为剧烈。结合第 4 章有关税种异质性对企业生存风险影响的实证结果，假如政府征收同等规模的税收，以增值税这种间接税的方式实现，会比以企业所得税这种直接税的方式实现，对企业投资规模和生存风险的影响更小。这可能是由于增值税税负更容易由企业转嫁给消费者，而企业所得税税负往往难以转嫁的原因所致。

2. 我国税收负担对企业投资产出效率影响的实证结果

参考申广军等（2016）的文献，本节将从资本产出效率（APK）、劳动产出效率（APL）两个维度，考察税收负担对企业投资产出效率的影响，以及不同税种形式造成的影响差异。

（1）税收负担影响企业投资产出效率的实证检验。

①税收负担对企业资本产出效率的影响检验。

其他控制变量保持不变，采用双向固定效应模型，检验税收负担对 APK 的影响。

表 5 - 6 的被解释变量，即 APK，第（1）列回归，解释变量为企业有效税负 Tax_1。结果显示，Tax_1 与 APK 之间显著正相关，即以"应交税额/主营业务收入"计算的企业有效税负每提高 1%，资本产出效率大约增加 1.41%。第（2）~（4）列回归是更换企业有效税负的度量方式，分别用 Tax_2、Tax_3 和 Tax_5 作为主要解释变量（Tax_4 与被解释变量存在共线性，此处弃用），重复第（1）列的回归，结果发现解释变量的系数始终显著为正，很稳健。

表 5 - 6　　　　税收负担对企业资本产出效率的影响检验

	（1）	（2）	（3）	（4）	（5）
Tax_1	1.4078 *** (29.77)				1.8038 *** (3.63)
Tax_2		0.0381 *** (4.22)			
Tax_3			0.7913 *** (17.65)		
Tax_5				1.1853 *** (20.93)	

	(1)	(2)	(3)	(4)	(5)
Control	Y	Y	Y	Y	Y
N	1132789	438431	1134259	766170	569002
adj. R^2	0.3051	0.2737	0.3046	0.2952	

这一结果的原因有可能正如第 3 章的理论分析所言，税收负担的提高会迫使企业为了避免利润过多损失，通过加强管理、改进工艺等方式提高投资的产出效率，向效率要效益。当然，也可能仅是反向因果原因造成的内生性问题：资本产出效率更高的企业，现实中可能面临着更高的实际税率。对此，借鉴黎日荣（2016）、张璇等（2017）的方法，采用企业有效税负 Tax_1 的一期滞后项（$L1.Tax_1$）作为工具变量，进行两阶段最小二乘法（2SLS）回归检验。选择有效税负的滞后项作为工具变量的原因是，滞后一期（$t+1$ 期）的税负和当期（t 期）税负之间有很强的相关性，但难以直接影响当期（t 期）的投资产出效率。另外，两阶段最小二乘法的 F 统计量远远超过了施泰德和斯托克（1997）提出的 10 的经验临界值，可以拒绝弱工具变量的假设。

工具变量法的检验结果如表 5 - 6 第（5）列所示：Tax_1 的系数略有增大，显著性未发生改变。

通过工具变量法，一定程度上排除了可能存在的反向因果关系的干扰，可以进一步确认第 3 章的理论分析：税收负担对企业的资本投资产出效率存在倒逼改进作用，企业税负的逐步提高会刺激企业提高资本产出效率，以对冲增税导致的投资收益率的下降。

②税收负担对企业劳动产出效率的影响检验。

其他控制变量保持不变，检验税收负担对企业劳动产出效率的影响。结果如表 5 - 7 所示：第（1）列的主要解释变量为企业有效税负 Tax_1，回归结果显示，Tax_1 与企业劳动产出效率之间显著正相关，Tax_1 每提高 1%，劳动产出效率大约增加 1.49%。第（2）~（4）列作为稳健性检验，是在更换企业有效税负的度量方式之后，重复第（1）列的回归。结果发现，无论企业税收负担这一解释变量的度量方式如何改变，其回归系数始终显著为正，很稳健。

表 5 – 7　　　　　税收负担对企业劳动产出效率的影响检验

	（1）	（2）	（3）	（4）	（5）
Tax$_1$	1.4902*** （37.40）				2.5108*** （6.15）
Tax$_2$		0.0658*** （8.85）			
Tax$_3$			0.7960*** （21.08）		
Tax$_5$				1.2371*** （26.16）	
N	1132789	438431	1134259	766170	569002
adj. R^2	0.3668	0.3673	0.3671	0.3688	

　　同样，为避免内生性问题对因果关系的影响，采用企业有效税负 Tax$_1$ 的一期滞后项作为工具变量，进行 2SLS 回归检验，2SLS 的 F 统计量大于 10，可拒绝弱工具变量的假设。回归结果如第（5）列所示：Tax$_1$ 的系数略有增大，显著性未发生改变。

　　通过上述方法，一定程度上排除了可能存在的内生性问题的干扰，可进一步确认第 3 章的理论分析：税收负担的提高会刺激企业通过提高劳动产出效率的方式，对冲税负提高导致的边际收益下降的风险。

　　（2）税种形式对企业投资产出效率差异性影响的实证检验。

　　了解了综合税负对企业投资产出效率的影响效果，本书也关注直接税与间接税对企业投资产出效率的影响是否存在差异，因此，接下来将企业所得税有效税负（Inctax$_1$）与增值税有效税负（Vatax$_1$）作为解释变量，替换综合有效税负（Tax$_1$），分别对资本产出效率（APK）与劳动产出效率（APL）回归。结果如表 5 – 8 与表 5 – 9 所示。

表 5 – 8　　　　税种形式对企业资本产出效率影响的差异检验

	（1）	（2）	（3）	（4）	（5）
Inctax$_1$	2.5460*** （18.94）	2.8215*** （20.78）		2.9075*** （3.90）	
Vatax$_1$	2.1363*** （36.73）		2.2104*** （37.80）		2.5554*** （3.96）

	（1）	（2）	（3）	（4）	（5）
Control	Y	Y	Y	Y	Y
N	1132789	1132789	1132789	569002	569002
adj. R^2	0.3066	0.3044	0.3059		

表 5 – 9   税种形式对企业劳动产出效率影响的差异检验

	（1）	（2）	（3）	（4）	（5）
$Inctax_1$	2.4331 *** (21.30)	2.7016 *** (23.34)		3.1694 ** (2.46)	
$Vatax_1$	2.0831 *** (42.68)		2.1538 *** (43.83)		3.1325 *** (5.90)
Control	Y	Y	Y	Y	Y
N	1132789	1132789	1132789	569002	569002
adj. R^2	0.3683	0.3655	0.3674		

其中，表 5 - 8 的被解释变量即为 APK。第（1）列的主要解释变量同时包括了 $Inctax_1$ 与 $Vatax_1$。第（2）、第（3）列回归，是为了避免两种税负可能存在的共线性，将它们各自单独对 APK 回归，以作为第（1）列回归的稳健性检验。结果发现，两种税负与 APK 始终正相关，$Inctax_1$ 的回归系数略大于 $Vatax_1$ 的系数。第（4）、第（5）列，是为了消除可能的内生性问题，分别将两种税负的一阶滞后项作为工具变量，进行 2SLS 回归检验，2SLS 的 F 统计量大于 10。结果发现，主要解释变量的系数依然显著为正。

表 5 - 9 的被解释变量即为 APL，各列回归与表 5 - 8 一一对应。第（1）列的主要解释变量同时包括了 $Inctax_1$ 与 $Vatax_1$。第（2）、第（3）列回归，是将它们各自单独对 APL 回归，以避免可能存在的共线性的干扰，作为第（1）列回归的稳健性检验。结果发现，两种税负与 APL 始终正相关，$Inctax_1$ 的回归系数略大于 $Vatax_1$ 的系数。第（4）、第（5）列，是分别将两种税负的一阶滞后项作为工具变量，进行 2SLS 回归检验，2SLS 的 F 统计量大于 10。结果表明，主要解释变量的系数依然显著为正。

经过上述检验，可以得出结论：在其他因素不变的情况下，无论是提高企业的所得税还是增值税，均会刺激企业提高投资的产出效率，企业家对企业所得税税负的敏感程度，略大于增值税税负。

5.1.6　小结

本书第4章检验了税收负担对企业生存风险的总体效应。根据第3章的理论分析：税收负担可以通过影响企业投资行为这一渠道影响企业的生存风险。本书的第5章，即是对这一渠道的验证，本小节作为渠道验证的第一部分，先验证了税收负担对企业投资行为的影响。这里的"投资行为"，既包括企业投资的规模，也包括投资的产出效率。

关于税收负担影响企业投资规模的国内外文献已有不少，但现有文献大多认为二者之间呈单调线性关系，具体影响效果尚未形成一致结论。本小节利用"中国工业企业数据库"中的企业固定资产和折旧数据，先计算了企业每年新增的固定资产，然后分别考察了企业有效税负对每年新增固定资产规模和劳动力规模的影响。结果发现，由于收入效应和替代效应的同时存在，企业有效税负对投资规模的影响呈倒"U"型，即在企业低税负阶段，税负的增长会降低企业家的可支配收入，企业家为了维持以往的收入水平，宁愿扩大投资规模，通过获取规模收益来弥补税收造成的损失；但当税负增长到一定程度以后，税负的持续提高，导致投资收益率持续下降，企业家宁愿以消费、储蓄等方式替代生产性投资，即替代效应促使企业家减少投资。这一动态结果与传统税收理论的分析结论一致，证明了税收负担对企业投资行为影响的复杂性，这与现有实证文献往往只关注单调线性影响的研究结论有所差异，具有一定的实证创新性。同时，这一实证结果也实证了洪银兴等（2017）的观点：收入效应往往产生在纳税人整体税收负担较轻的时候。当税收负担越过某一临界值后，替代效应越来越明显。

同时，考察了税收负担对企业投资产出效率的影响。结果发现，随着税收负担的逐步提高，企业会以提高资本产出效率和劳动产出效率的方式，对冲税负提高对企业利润的不利影响。采用工具变量法和2SLS回归的检验，结果表明，税收负担每提高1%，企业的资本产出效率会提高1.80%，劳动产出效率会提高2.51%。

另外，考察了直接税（企业所得税）和间接税（增值税）对企业投资行为的影响差异。结果发现，在其他因素不变的情况下，两种税负的逐渐提高对企业投资规模均呈倒"U"型影响，对企业投资产出效率均呈正向影响，但是企业所得税这种直接税的影响效果更为强烈，这与第4章的检验结果一致。

5.2　投资行为影响我国企业生存风险的实证研究

为验证投资行为在税收负担影响企业生存风险过程中的渠道作用，在5.1节验证了税收负担对企业投资行为影响的基础上，本小节将进行投资行为对企业生存风险影响的检验，即投资规模、投资产出效率对企业生存风险的影响。

5.2.1　实证模型

对企业生存风险的影响因素的研究，继续采用 Cox 比例风险模型用于基准回归：

$$h_i(X_i, \ t) = h_0(t) \cdot \exp(X_i\beta) \tag{5.2}$$

其中，$h_i(X_i, \ t)$，即为企业 i 在 t 时所面临的可能退出的风险率。$h_0(t)$ 为基准风险函数；X_i 表示影响企业 i 风险率的解释变量，承接5.1节对企业投资行为的度量方式，本小节重点关注企业新增固定资产投资规模（FAI）、劳动力投资规模（Labor）、资本产出效率（APK）和劳动产出效率（APL）4 个解释变量，其他控制变量同于第4章；β 为需要估计的系数向量；$\exp(X_i\beta)$ 反映的是样本的特性。

稳健性检验时，采用加速失效时间模型（AFT）。

5.2.2　数据说明

采用的原始企业数据主要来自国家统计局的"中国工业企业数据库"。在数据合并时，借鉴布兰特等（2012）、毛其淋等（2013）、马光荣等（2014）、鲍宗客（2015）等的处理方法，具体操作与第4章一致，此处不再赘述。对样本中可能存在的异常值，借鉴毛其淋等 (2013)、史宇鹏等 (2013)、申广军等 (2017) 的方法进行了常规处理：第一，剔除遗漏重要财务指标（如工业增加值、总产值、固定资产净值、企业销售额等）的样本；第二，剔除工业总产值、工业销售额、工业增加值、固定资产净额、总资产等重要指标小于等于 0 的样本，以及员工人数少于 8 的样本；第三，剔除 1949 年之前成立的企业，以及年龄小于 0 的企业；第四，遵循一般会计准则，剔除固定资产大于总资产、流动资产大于总资产、固定资产净值大于总资产的样本。

鉴于企业生存数据和分析方法的特殊性，还做了以下处理：①剔除国有企业；②剔除生存数据存在间断的企业，仅保留持续存在的企业；③剔除实际税负小于 0、大于 100% 的样本，并通过企业税负这一主要解释变量进行首尾各 0.5% 的截尾处理，以降低极端值样本对回归结果的影响。

各省份人均 GDP 数据，以及指标计算时用到的 CPI、固定资产投资价格指数等来源于国家统计局的公开数据。

企业所在各地区的市场化程度、引进外资程度等数据来源于樊纲等 (2011) 的《中国分省份市场化指数报告》。

5.2.3　变量说明

1. 被解释变量

与第 4 章相同，Cox 比例风险模型的被解释变量，为企业面临的退出市场的风险率；AFT 模型的被解释变量，为企业的平均市场存续时间。

2. 核心解释变量与控制变量

核心解释变量包括新增固定资产投资（FAI）、劳动力投资（Labor）、资本产出效率（APK）和劳动产出效率（APL）等。

（1）新增固定资产投资（FAI）。用"当期固定资产 – 前期固定资产总额 + 前期折旧"计算出新增固定资产，再用 2000 年的固定资产投资价格指数平减之后取对数，作为企业固定资产投资规模的替代变量。

115

（2）劳动力投资（Labor）。用企业的职工人数取对数进行度量。

（3）资本产出效率（APK）。用"工业增加值/固定资产存量"的对数值来度量。

（4）劳动产出效率（APL）。用"工业增加值/职工人数"的对数值来度量。

主要控制变量包括：

（1）企业全要素生产率（TFP）。采用奥利和佩克斯（1996）的估算方法（OP法）获得。

（2）企业规模（Scale）。用总资产的对数值表示。

（3）资本密集度（lnKLR）。用"ln（固定资产/从业人员数）"表示。其中，固定资产是用以2000年为基期的固定资产投资价格指数进行平减获得。

（4）盈利能力（Prof）。用"利润总额/总资产"来反映，预期其对企业市场退出风险率的影响为负。

（5）资产负债率（Debt）。用"负债总额/总资产"表示，预期其对企业市场退出风险率的影响为正。

（6）企业是否出口（Exp）。加入反映企业出口行为的虚拟变量，有出口则赋值为1，反之为0。

（7）企业年龄（Age）。用"调查年份－开业年份"表示。

（8）政府补贴程度（Subs）。用"补贴收入/主营业务收入"表示。

（9）地区人均GDP（lnGDP）。采用各省份人均GDP的对数值来衡量企业所在地区的年度宏观经济状况，其中，各省份GDP是以2000年为基期的CPI平减所得。

（10）地区人均工资（lnWage）。采用企业所在地区的平均工资的对数值来反映企业在当地的用工成本。

（11）地区市场化程度（Market）。樊纲等（2011）编辑的《中国分省份市场化指数报告》能够较好反映我国不同地区的市场环境和法律条件，被诸多研究文献所采纳（如袁卫秋，2014；何轩等，2016；卫旭华等，2018），因此，本书也采用该报告中的数据。

（12）地区金融市场化程度（Fina）。将地区金融市场化程度纳入控制，数据来源同上。

（13）地区引进外资程度（Fore）。控制企业所在地区的引进外资程度，数据来源同上。

此外，加入了样本企业所属行业（i. Indu）、省份（i. Prov）、年份
（i. Year）的固定效应变量。

5.2.4　主要变量的描述性统计

解释变量的主要统计指标，参见表 5 – 1；控制变量的主要统计指
标，参见表 4 – 2。

5.2.5　实证结果与分析

1. 投资规模对我国企业生存风险影响的实证结果

第 4 章的回归检验表明，企业总资产与企业生存风险之间显著负相
关，即资产规模越大的企业，退出市场的风险率越低，这在一定程度上
已经说明了投资规模对企业生存风险的影响效果。本小节将专门检验企
业新增固定资产投资（FAI）和劳动力投资规模（Labor）对企业生存
风险的影响。

表 5 – 10 的第（1）、第（2）列，是在保持第 4 章控制变量不变的
情况下，进行 FAI 对企业生存风险影响的 Cox 模型回归与 AFT 模型检
验。结果发现，FAI 与企业市场退出的风险率显著负相关，与市场存续
时间显著正相关，FAI 每提高 1%，企业退出市场的风险率大约降低
0.0202%，平均存续时间大约提高 0.0063%。

表 5 – 10　　新增固定资产投资、劳动力投资对企业生存风险的影响

	(1) Cox	(2) AFT	(3) Cox	(4) AFT
FAI	– 0.0202 *** （– 28.49）	0.0063 *** （17.35）		
Labor			– 0.0641 *** （– 25.77）	0.0582 *** （32.75）
Control	Y	Y	Y	Y
N	757839	757839	1091373	1091373

第（3）、第（4）列，是 Labor 对企业生存风险影响的 Cox 模型与 AFT 模型检验。结果依然极显著：Labor 每提高 1%，企业退出市场的风险率大约降低 0.0641%，平均存续时间大约提高 0.0582%。

上述回归结果，与第 3 章的理论分析结论一致：企业投资规模的扩大，有利于降低企业的退出风险，提高其市场存续时间。

2. 投资产出效率对我国企业生存风险影响的实证结果

与 5.1 节对应，分别以企业的资本产出效率（APK）、劳动产出效率（APL）为投资产出效率的代理变量，检验投资产出效率对企业生存风险的影响。

表 5 - 11 的第（1）、第（2）列，是在保持其他控制变量不变的情况下，进行 APK 对企业生存风险影响的 Cox 模型与 AFT 模型检验。结果发现：APK 与其退出市场的风险率之间显著负相关，与其市场存续之间显著正相关；平均而言，APK 每提高 1%，其退出市场的风险率大约降低 0.0414%，平均存续时间大约提高 0.0481%。

表 5 - 11　　　　资本和劳动产出效率对企业生存风险的影响

	(1) Cox	(2) AFT	(3) Cox	(4) AFT
APK	-0.0414^{***} (-24.26)	0.0481^{***} (40.14)		
APL			-0.0657^{***} (-32.90)	0.0596^{***} (39.42)
Control	Y	Y	Y	Y
N	1080066	1080066	1080066	1080066

第（3）、第（4）列，是 APL 对企业生存风险影响的 Cox 模型与 AFT 模型检验。结果依然显著：劳动产出效率越高的企业，其退出市场的风险率越低；平均而言，APL 每提高 1%，企业的风险率大约降低 0.0657%，平均存续时间大约提高 0.0596%。

上述回归结果，与第 3 章的理论分析结论一致，符合预期。

5.2.6　小结

作为税收负担影响企业生存风险渠道检验的第二部分,本小节采用"中国工业企业数据库",通过 Cox 比例风险模型和 AFT 模型,考察投资行为对企业生存风险的影响。结果发现,企业投资规模与投资产出效率均与其退出市场的风险率负相关、与企业平均市场存续时间正相关,这符合第 3 章的理论分析和预期。整体而言,①新增固定资产投资每提高 1%,企业退出市场的风险率大约降低 0.0202%,平均存续时间大约提高 0.0063%;②企业劳动力规模投资每提高 1%,企业退出市场的风险率大约降低 0.0641%,平均存续时间大约提高 0.0582%;③企业的资本产出效率每提高 1%,其退出市场的风险率大约降低 0.0414%,平均存续时间大约提高 0.0481%;④劳动产出效率每提高 1%,企业退出的风险率大约降低 0.0657%,平均存续时间大约提高 0.0596%。

5.3　税收负担与企业生存风险
——基于投资行为渠道的实证研究

经过 5.1、5.2 节的实证检验已经可以初步断定,企业的税收负担可通过影响投资行为这一渠道,进而影响企业的生存风险。本小节则是对前两节实证检验的统一,进一步确认投资行为这一渠道在税收负担影响企业生存风险过程中的渠道作用。本小节的基本思路是:在保持控制变量不变的前提下,第一步,先将税收负担作为单一解释变量,对企业生存风险回归;第二步,同时将税收负担、投资行为变量纳入回归,然后对比两步回归结果中税收负担和投资行为解释变量的系数变化程度及方向。

5.3.1　实证模型

基准回归仍然采用 Cox 比例风险模型:

$$h_i(X_i,\ t) = h_0(t) \cdot \exp(X_i\beta) \tag{5.3}$$

其中，$h_i(X_i, t)$，即为企业 i 在 t 时所面临的可能退出的风险率，$h_0(t)$ 为基准风险函数；X_i 为影响企业 i 风险率的解释变量，包括企业有效税收负担（Tax_1）、新增固定资产投资规模（FAI）、劳动力投资规模（Labor）、资本产出效率（APK）和劳动产出效率（APL）5 项变量，其他控制变量同于第 4 章；β 为需要估计的系数向量。

稳健性检验时，采用加速失效时间模型（AFT）。

5.3.2　数据说明

采用的原始企业数据主要来自国家统计局的"中国工业企业数据库"。在数据合并时，借鉴布兰特等（2012）、毛其淋等（2013）、马光荣等（2014）、鲍宗客（2015）等的处理方法，具体操作与第 4 章一致，此处不再赘述。对样本中可能存在的异常值，借鉴毛其淋等（2013）、史宇鹏等（2013）、申广军等（2017）的方法进行了常规处理：第一，剔除遗漏重要财务指标（如工业增加值、总产值、固定资产净值、企业销售额等）的样本；第二，剔除工业总产值、工业销售额、工业增加值、固定资产净额、总资产等重要指标小于等于 0 的样本，以及员工人数少于 8 的样本；第三，剔除 1949 年之前成立的企业，以及年龄小于 0 的企业；第四，遵循一般会计准则，剔除固定资产大于总资产、流动资产大于总资产、固定资产净值大于总资产的样本。

鉴于企业生存数据和分析方法的特殊性，还做了以下处理：①剔除国有企业；②剔除生存数据存在间断的企业，仅保留持续存在的企业；③剔除实际税负小于 0、大于 100% 的样本，并通过企业税负这一主要解释变量进行首尾各 0.5% 的截尾处理，以降低极端值样本对回归结果的影响。

各省份人均 GDP 数据，以及指标计算时用到的 CPI、固定资产投资价格指数等来源于国家统计局的公开数据。

企业所在各地区的市场化程度、引进外资程度等数据来源于樊纲等（2011）的《中国分省份市场化指数报告》。

本小节的重点在于对比两步回归的系数值。为了让变量的回归系数具有可比性，需要让两步回归的样本量一致。因此，与第 4 章的样本量相比，本小节进一步剔除了新增固定资产投资规模（FAI）、劳动力投资规模（Labor）、资本产出效率（APK）和劳动产出效率（APL）等变量数值缺失的样本。

最终，剩余 330987 家企业的 750796 个样本用于回归检验，样本期间有 143646 家企业陆续退出样本。

5.3.3　变量说明

1. 被解释变量

Cox 比例风险模型的被解释变量，为企业面临的退出市场的风险率；AFT 模型的被解释变量，为企业的平均存续时间。

2. 核心解释变量与控制变量

核心解释变量中，企业有效税收负担（Tax_1）的度量方式与第 4 章相同。新增固定资产投资规模（FAI）、劳动力投资规模（Labor）、资本产出效率（APK）和劳动产出效率（APL）的度量方式同于 5.1 节。

（1）企业有效税收负担（Tax）。采用"Tax_1 = 应交税额/主营业务收入"作为企业有效税负的度量指标。

（2）新增固定资产投资（FAI）。用"当期固定资产 − 前期固定资产总额 + 前期折旧"计算出新增固定资产，再用 2000 年的固定资产投资价格指数平减之后取对数，作为企业固定资产投资规模的替代变量。

（3）劳动力投资（Labor）。用企业的职工人数取对数进行度量。

（4）资本产出效率（APK）。用"工业增加值/固定资产存量"的对数值来度量。

（5）劳动产出效率（APL）。用"工业增加值/职工人数"的对数值来度量。

主要控制变量包括：

（1）企业全要素生产率（TFP）。采用奥利和佩克斯（1996）的估算方法（OP 法）获得。

（2）企业规模（Scale）。用总资产的对数值表示。

（3）资本密集度（lnKLR）。用"ln（固定资产/从业人员数）"表

121

示。其中，固定资产是用以 2000 年为基期的固定资产投资价格指数进行平减获得。

（4）盈利能力（Prof）。用"利润总额/总资产"来反映，预期其对企业市场退出风险率的影响为负。

（5）资产负债率（Debt）。用"负债总额/总资产"表示，预期其对企业市场退出风险率的影响为正。

（6）企业是否出口（Exp）。加入反映企业出口行为的虚拟变量，有出口则赋值为 1，反之为 0。

（7）企业年龄（Age）。用"调查年份 – 开业年份"表示。

（8）政府补贴程度（Subs）。用"补贴收入/主营业务收入"表示。

（9）地区人均 GDP（lnGDP）。采用各省份人均 GDP 的对数值来衡量企业所在地区的年度宏观经济状况，其中，各省份 GDP 是以 2000 年为基期的 CPI 平减所得。

（10）地区人均工资（lnWage）。采用企业所在地区的平均工资的对数值来反映企业在当地的用工成本。

（11）地区市场化程度（Market）。樊纲等（2011）编辑的《中国分省份市场化指数报告》能够较好反映我国不同地区的市场环境和法律条件，被诸多研究文献所采纳（如袁卫秋，2014；何轩等，2016；卫旭华等，2018），因此，本书也采用该报告中的数据。

（12）地区金融市场化程度（Fina）。将地区金融市场化程度纳入控制，数据来源同上。

（13）地区引进外资程度（Fore）。控制企业所在地区的引进外资程度，数据来源同上。

此外，加入了样本企业所属行业（i. Indu）、省份（i. Prov）、年份（i. Year）的固定效应变量。

5.3.4　主要变量的描述性统计

主要变量的基本统计量如表 5 – 12 所示。与表 4 – 2 相比，虽然主要解释变量的变化导致本小节所统计的样本量有所下降，但 Tax_1 等变量的基本统计量信息变化不大。

表5－12			主要变量的基本统计量		
	平均值	标准差	最小值	最大值	中位数
Tax_1	0.0471	0.0356	0.0000	0.1700	0.0409
FAI	4.5871	3.5291	－11.3780	17.0600	5.5223
Labor	4.7243	1.0409	2.0794	12.1450	4.6347
APK	0.4654	1.3211	－22.1116	13.5318	0.4369
APL	4.0367	1.1014	－19.5435	11.1975	3.9825
TFP	0.7783	0.2863	0.0001	11.2689	0.7436
Scale	9.6485	1.3352	1.0987	18.7481	9.4818
Age	9.1360	7.8426	1.0000	58.0000	7.0000
lnKLR	4.9242	1.0669	－5.6903	12.7854	4.8990
Prof	0.0373	0.4482	－3.71.75	18.2488	0.0291
Debt	3.9871	7.6543	0.0000	100.0000	1.8520
Exp	0.2578	0.4374	0.0000	1.0000	0.0000
Subs	0.0026	0.0247	0.0000	8.5203	0.0000
lnGDP	9.8200	0.5550	7.8867	11.0218	9.9030
lnWage	9.8300	0.3341	8.8419	10.6607	9.8268
Market	8.3580	1.9835	0.0000	11.7100	8.4400
Fina	8.5310	2.0781	0.0000	12.0100	8.6900
Fore	4.0569	2.2950	－0.1200	10.2800	4.1100

资料来源：据"中国工业企业数据库"（1999～2007年）、国家统计局公开数据、《中国市场化指数：各地区市场化相对进程2011年报告》计算所得。

5.3.5　实证结果与分析

表5－13的第（1）、第（2）列，解释变量只加入企业有效税负（Tax_1）的一次项，分别进行 Cox 模型和 AFT 模型的检验。结果显示，Tax_1 系数始终显著，这与表4－6的第（1）、第（2）列相

比，未发生质的变化，因为二者本是相同的回归方程和变量，仅改变了样本量。第（3）、第（4）列，解释变量增加了反映投资行为的 FAI、Labor、APK、APL 4 个变量，结果发现这 4 项对企业退出风险率的影响显著为负，对企业存续时间的影响显著为正，与 5.2 节的结论一致。同时，与第（1）、第（2）列相比，Tax_1 的系数绝对值有所下降。这意味着，控制了企业投资行为相关的 4 个变量后，税负对企业生存风险的影响程度下降，说明 Tax_1 对企业生存风险的影响，确实可通过企业投资行为这一渠道实现。不过，Tax_1 的回归系数依然显著，这也说明投资行为的相关变量比较复杂，远不止本书提到的 4 项。正如 5.1 节的分析所言，企业的投资既包括有形资产的投资，也包括无形资产的投资，但由于受到数据可得性的限制，本书无法有效度量企业的所有投资行为，只能有限地度量新增固定资产、劳动力投资等部分投资，不过这一实证结果已可证明本书的核心观点。

表 5-13　投资行为在税收负担影响企业生存风险过程中的渠道作用检验（一）

	(1) Cox	(2) AFT	(3) Cox	(4) AFT
Tax_1	-0.3606 *** (-5.10)	0.1325 *** (3.52)	-0.2584 *** (-3.66)	0.0945 ** (2.50)
FAI			-0.0192 *** (-26.23)	0.0062 *** (16.64)
Labor			-0.0989 *** (-19.44)	0.0491 *** (17.85)
APK			-0.0227 *** (-5.95)	0.0195 *** (9.48)
APL			-0.0617 *** (-13.33)	0.0152 *** (6.09)
Control	Y	Y	Y	Y
N	750796	750796	750796	750796

　　表 5 - 14 是加入了 Tax_1 的二次项之后，重复表 5 - 13 各列的回归。结果发现，在控制了反映投资行为的变量之后，Tax_1 的一次项、二次项系数，绝对值均有所降低，进一步证明了表 5 - 13 的研究结论是稳健的：在其他变量不变的情况下，税负负担对企业的退出风险呈"U"型影响，对企业的市场存续时间呈倒"U"型影响，这种影响可以通过投资行为这一渠道来实现。

表 5 - 14　投资行为在税收负担影响企业生存风险过程中的渠道作用检验（二）

	(1) Cox	(2) AFT	(3) Cox	(4) AFT
Tax_1	- 1.8786 *** (- 9.62)	0.8824 *** (8.59)	- 1.5969 *** (- 8.20)	0.7823 *** (7.59)
Tax_1^2	11.7633 *** (8.36)	- 5.8119 *** (- 7.91)	10.3743 *** (7.38)	- 5.3317 *** (- 7.23)
FAI			- 0.0191 *** (- 26.13)	0.0062 *** (16.53)
Labor			- 0.0978 *** (- 19.24)	0.0486 *** (17.68)
APK			- 0.0226 *** (- 5.92)	0.0194 *** (9.45)
APL			- 0.0615 *** (- 13.30)	0.0151 *** (6.07)
Control	Y	Y	Y	Y
N	750796	750796	750796	750796

　　其他控制变量的回归结果与表 4 - 6 的回归结果相比，没有质的变化。

5.3.6　小结

　　正如第 3 章的理论分析所言，税收负担可以通过影响企业的投资行为，进而影响企业的生存风险，但由于企业投资相关数据的限制，本书的实证部分只能捕捉到税收负担通过企业的部分投资行为渠道对企业生存风险的影响。本小节是利用 Cox 比例风险模型和 AFT 模型，考察部

125

分投资行为在税收负担影响企业生存风险过程中的渠道作用。将反映企业税收负担的变量和反映企业投资行为的变量纳入同一回归方程之后，结果显示企业税收负担的回归系数虽然依旧显著，但系数绝对值变小，说明在控制了部分投资行为渠道之后，税收负担对企业生存风险的影响程度有所降低，证明了投资行为的渠道作用确实存在，符合第 3 章的理论分析和预期。

在对控制变量的检验发现：企业的 TFP、资产规模、利润率等因素与企业的市场退出风险率负相关，与存续时间正相关，TFP 越高、资产规模越大、利润率越高的企业，抵御市场风险的能力往往越强、企业寿命越长。资本密集度、资产负债率与企业的退出风险率正相关、与市场存续时间负相关，即资本密集度越高、债务率越高的企业，面临的退出风险越大、存续时间越短。出口企业的市场退出风险小于非出口企业。此外，如果企业所在地区的平均工资越低、市场化程度越高、金融自由度越高、引进外资程度越高，则企业面临的市场退出风险越小、存续时间越长。

第6章 结论与政策启示

税收负担对企业生存风险的影响，一直是国内外学者和企业界普遍关注的热点话题，尤其在我国市场上，企业退出率较高、"寿命"普遍较短的背景下，对这一问题的研究更具有紧迫性和现实意义。

本书在理论分析的基础上，应用 Cox 比例风险模型、AFT 加速失效时间模型等生存分析方法，通过对 1998～2008 年和 2011～2013 年"中国工业企业数据库"中企业样本的回归分析，检验了我国企业在市场生存过程中所面临的主要风险因素，重点考察了税收负担对企业生存风险的影响程度。在此基础上，从企业的所有制属性、产业类型、TFP 大小、资产规模、经营年限、所在地区 6 个维度，进一步考察税收负担对不同类型企业的影响差异，以及直接税和间接税的税种形式差异带给企业的影响差异。

理论上，虽然企业税负可以部分转嫁给消费者，从而一定程度上降低政府课税导致的利润损失，但是企业终将或多或少地承担税收带来的损失，具体表现为投资收益率的下降和投资成本的提高。这些变化又会影响到企业未来的投资行为，进而影响企业的生存。具体而言，税收负担的提高会对企业的投资规模带来收入效应和替代效应，对企业的投资产出效率带来倒逼的改进效应。其中，收入效应是指当税负提高压低了企业的投资回报率进而减少了可支配收入之后，企业家为维持以往的收入水平而增加投资规模；替代效应表现为，税负提高带来的投资收益率下降和成本提高，导致继续投资对企业家的吸引力下降，企业家以储蓄、消费、金融性投资等其他行为替代企业的生产性投资。扩大投资规模和提高投资产出效率，有助于降低企业的退出风险、增加市场存续时间，而降低投资规模会增大企业的退出风险。由于收入效应主要在低税负阶段发挥作用，而替代效应主要在高税负阶段发挥作用，导致在其他影响因素不变的情况下，随着税收负担的逐步提高，对企业的退出风险造成先降低后增强的"U"型影响。本书第 4 章、第 5 章的实证检验，应用双向固定效应模型、工具变量和 2SLS 回归、Cox 比例风险模型和 AFT 模型，验证了这一关系确实存在，证实了投资行为在税收负担影响企业生存风险过程中的渠道作用。

6.1 主要研究结论

6.1.1 税收负担对企业的退出风险表现为"U"型影响

在其他因素不变的情况下，企业税收负担的逐步提高会对企业退出市场的风险率造成先抑制后增强的"U"型影响，对企业的市场存续时间造成先提高后降低的倒"U"型影响。这说明，仅就降低一般企业的退出风险这一目标而言，企业实际税负并非越高越好，也并非越低越好，而是存在一个最优的税负拐点值，当实际税负低于该值时，税负的提高有助于降低企业的退出风险；当实际税负高于该最优值时，税负的继续提高会增加企业的退出风险。这一结论，与当前主流文献中税收负担与企业生存风险之间单调线性相关的观念有所差异，但符合本书的理论分析与预期。

不同的企业，税负拐点值存在差异。在本书的样本区间内，平均而言，以"应交税额/主营业务收入"所计算的有效税负拐点值，约为 6.95% ~ 7.45%；以"应交税额/营业收入"计算的有效税负拐点值，约为 7.00%。虽然目前我国企业所承受的实际税负的高低有待最新数据的进一步分析，但是本书通过大样本数据所估算的税负对企业生存风险影响的拐点值仍具有一定的参考价值。需要注意的是，本书的样本来自"中国工业企业数据库"，该数据只将规模以上工业企业纳入统计，不包括小微企业。本书通过实证检验发现，规模越小的企业，最优税负值越低。

6.1.2　投资行为是税收负担影响企业生存风险的重要渠道

企业税收负担既可以影响其投资的规模，也可以影响投资的产出效率，进而影响其生存风险。

其中，关于税收负担对企业投资规模的影响，本书发现，税收负担的逐步提高会对企业固定资产投资和劳动力投资规模呈现先促进后抑制的倒"U"型影响，这与当前主流实证文献所强调的单调抑制影响有所不同，但符合传统税收理论的分析。税收负担对企业的投资产出效率具有倒逼改进作用：平均而言，以"应交税额/主营业务收入"计算的企业实际税负每提高 1%，资本产出效率大约提高 1.41%，劳动产出效率大约提高 1.49%。相比以增值税为代表的间接税税负，以企业所得税为代表的直接税税负对企业投资行为的影响更为明显。

关于投资行为对企业生存风险的影响，本书发现，企业投资规模的扩大与投资产出效率的提高均会显著降低企业的市场退出风险，提高其存续时间。企业新增固定资产投资每提高 1%，企业退出市场的风险率大约降低 0.0202%，平均存续时间大约提高 0.0063%；企业劳动力规模每提高 1%，企业退出市场的风险率大约降低 0.0641%，平均存续时间大约提高 0.0582%；资本产出效率每提高 1%，企业退出市场的风险率大约降低 0.0414%，平均存续时间大约提高 0.0481%；劳动产出效率每提高 1%，企业退出的风险率大约降低 0.0657%，平均存续时间大约提高 0.0596%。

6.1.3　实际税负并未加剧我国企业的市场退出风险

我国企业确实面临较高的市场退出风险。本书的统计分析发现，样本区间内，企业年均退出率约为 21.31%。不同类型的企业之间退出率有所差异。从所有制属性角度来看，外资及港澳台企业的年均退出率最低，约为 15.64%，明显低于私营企业的 20.27% 和集体企业的 29.12%；劳动密集型企业与资本密集型企业的年均退出率接近，分别为 21.73%、21.72%，高于技术密集型企业的 19.02%；规模越大的企业，退出的风险越低；中部、西部企业的年均退出率分别为 25.30%、

21.81%，高于东部企业的 19.63%。

本书的实证结果表明，影响我国企业生存风险的因素较为复杂，既有企业的 TFP、资产规模、所属行业、产业特征等内部因素，也有外部营商环境因素。虽然税收负担是企业生存风险的显著影响因素之一，但整体上，我国企业的实际税负并未高到抑制投资和生存的程度，这可能是企业的实际税负显著低于名义税负所致。样本区间内，以"应交税额/主营业务收入"估算的我国企业实际税负均值约为 4.65%，企业所得税税负约为 0.66%，增值税负约为 3.24%。以"本年应交企业所得税/利润总额"估算的企业所得税平均税率，约为 10.28%；以"本年应交增值税/工业增加值"估算的增值税平均税率，约为 12.52%，均低于一般制造业的法定名义税率，这可能主要是税收优惠政策的影响及征管水平的限制所导致。近年来，随着税务部门"金税三期工程"的推广以及"营改增"等政策的施行，预期我国企业的纳税遵从度会略有所提高，名义税率和实际税率之间的差距也会逐步缩小，这种情况下，部分企业感受到的税负水平提升，或许有一定的道理。然而，从中华民营企业联合会课题组（2013）、李春瑜（2016）、中国财政科学研究院"降成本"课题组（2017）等文献对企业实际税负的统计结果分析，以主营业务收入为基数的企业实际税负的提高幅度并不明显，实际税负远低于名义税负的结论并未得到根本改观。

异质性企业的实际税负有所差异。从所有制属性角度来看，外资及港澳台企业的平均税负（以"应交税额/主营业务收入"计算）最低，约为 3.41%；集体企业最高，平均约为 5.22%，私营企业居中，平均约为 4.79%。从产业属性角度来看，技术密集型和资本密集型企业的平均税负约为 4.78% 和 4.77%，略高于劳动密集型企业的 4.40%。从资产规模角度来看，大型企业的平均税负略高于中小企业的税负。从地区来看，中部、西部企业的平均税负分别为 5.10% 和 4.95%，高于东部企业的 4.51%。

6.1.4 相同税负对异质性企业的生存风险存在差异性影响

本书从所有制形式、产业类型、TFP 大小、资产规模、经营时间等维度，考察税收负担对异质性企业生存风险的影响差异。结果表明：

①税收负担只对内地企业造成了显著影响，对外资和港澳台企业的影响并不显著。②相比于资本密集型和技术密集型产业的企业，劳动密集型产业的企业对税收的承受能力更弱，存在一定的减税必要性。③TFP 越高的企业，对税负的耐受能力越强。本书的样本中，对 TFP 最高五分之一分位的企业而言，增税对其生存风险带来的不利影响可以忽略。④中小型企业对税负的影响更为敏感。本书发现，对规模最大的五分之一分位的企业而言，税负并非其生存风险的显著影响因素。⑤经营时间越久的企业，对税负的耐受能力越强，相比之下，对新成立企业存在一定的减税必要性。

6.1.5 直接税与间接税对企业生存风险的影响存在差异

假如政府想要征收固定额度的税收，以企业所得税这种直接税的征税方式实现，会比以增值税这种间接税的征税方式实现，对企业投资行为和生存风险的影响更为剧烈，企业对直接税税负变动的反应更为敏感、承受能力更低。平均而言，以"本年应交税额/主营业务收入"所计算的最优企业所得税税负，约为 3.77%，最优增值税税负约为 5.24%；以"本年应交税额/营业收入"所计算的最优企业所得税税负值，约为 3.93%，最优增值税税负约为 4.87%。当然，该值的计算样本源自"中国工业企业数据库"，该数据库并未包括小微企业、服务业等企业，所以只具备一定的参考价值。

上述研究结论有助于我们全面、准确地认识当前我国企业生存风险的主要影响因素，以及企业税负对其生存风险的影响程度、传导机制，从而对我国政府调整税收政策、营造更好的市场环境提供参考依据，有助于从根本上提高政策的针对性和可操作性。

6.2 政策启示

6.2.1 理性预估下调名义税率的政策效果

我国企业部门的法定税率具有下调的空间，但这一政策对化解企业退出风险的整体效果不宜高估。

长期以来，我国企业部门存在着法定税率与实际税率明显背离的现象，实际税率显著低于法定税率，因此，降低法定税率并不必然意味着财政赤字的明显扩大，从这一视角来看，企业部门的法定税率具有下调的空间。

但若从降低企业退出风险这一目标的愿望来看，减税政策的整体效果可能有限。这是因为，一方面，存在诸多法定税率之外的因素会在很大程度上影响企业的实际税收负担，法定税率的下调未必会带来实际税负的同幅度下降。这一观点并非没有历史经验证据：2008 年我国实施新的企业所得税法后，上市公司的名义税率从 33% 降至 25%，但李增福等（2010）发现，整体上，实际所得税税率仅降低 1.88%，相对名义税率变化并不明显，存在诸多税率之外的因素会在很大程度上影响企业的实际税收负担。另一方面，本书的实证研究结果显示，除了部分劳动密集型企业之外，对大多数企业而言，我国企业的实际税负并非其投资和生存抑制因素，如果指望以全面减税来促进投资、降低企业的市场退出率，整体效果可能比较有限，这与范子英（2016）、刘尚希（2017）等的观点相似。考虑到长期以来，许多企业已经事实上享有了税收优惠，一些纳税人和学者以名义税率作为判断我国企业税负高低的依据得出税负较高、应该大力减税的结论，这种观点可能只对少数企业合理，对大多数企业而言并不客观，无助于税收政策制定时的理性判断。因此，本书主张，应客观看待我国企业的实际税负，面对广泛而一贯的降税诉求，财税政策制定部门应在全面调整法定税率的基础上有区别地对待。

6.2.2 继续推动税负的结构性调整

结构性减税强调针对不同目标、不同群体、不同税种实施有差别的调整（李峰等，2014）。回顾 2008 年以来我国实施的结构性减税政策，根据产业结构调整与升级的需要，将具有灵活性的临时性调控政策与具有稳定性的税制改革相结合，将部分行业、环节的减税与部分行业、环节的增税相结合，在应对经济下行、调整市场结构、促进产业协同发展、鼓励资源有效利用与节能减排等方面发挥了重要而独特的作用。本书从降低企业市场退出风险、延长存续时间的目标出发，认同税率结构性调整的思路，赞成根据不同企业的行业、规模、市场地位等特征，建立差别性税收调整政策，形成连续性、稳定性与灵活性结合的税收调控机制。

1. 进一步降低劳动密集型企业的税费负担

本书的实证结果显示，虽然我国企业税负整体上并未加剧企业退出风险，但对劳动密集型企业而言，税收负担已经造成了负面影响。因此，应重点关注那些科研能力较低、经济基础相对薄弱的劳动密集型企业，减轻它们的税收负担。例如，针对劳动密集型企业专门设立更低的企业所得税率；降低其城市维护建设税、教育费附加等；对提供较多就业机会的劳动密集型企业，按其雇佣人数给予适当的税收减免或返还，这样既有助于降低其市场退出风险，也有助于鼓励其吸收更多的劳动力，缓解社会就业压力。

2. 切实落实中小企业、初创企业的减税工作

中小企业、初创企业对税负的承受能力相对更弱，这是社会共识，也得到了本书实证结果的证实。长期以来，我国的税收政策一直重视对中小企业和初创企业的帮扶，各级政府均出台了诸多优惠政策和法规，鼓励和帮扶这类企业的发展（刘成龙，2011；刘畅，2012；孙玉栋等，2016），并取得了积极的效果，未来应长期坚持对这两类企业的税收优惠政策，并采取切实措施来加强这些政策的落实。

3. 为改变区域微观税负差异明显的状况，适当降低中西部企业的实际税负是必要的

本书的统计结果显示，整体上，我国中西部企业的实际税负高于东部企业，在这种情况下，国家有必要在规范各地区税收优惠政策的顶层设计时，采取一定的措施，适当降低中西部企业的实际税负。

各地区税务部门可以借鉴本书的实证方法，按照当地企业的特殊结构进一步进行更加细化的分类分析，找到更贴近当地实际情况的税收政策。应当意识到，大样本企业数据的计量分析有助于我们就不同类型的企业分别展开税负影响效果的评估，找到税负和相关经济目标之间的逻

辑和数量关联，进一步提高税改和税政工作的针对性、精准性和科学性。

6.2.3　审慎对待税制结构改革的呼声

学界对税制结构改革的呼声由来已久，但本书发现，由于直接税相对更难转嫁，而间接税易于转嫁，并未全部构成企业的真实成本，导致如果政府向企业征收同等额度的税收，以企业所得税这种直接税的方式征收会比以增值税这种间接税的方式征收对企业生存风险的影响更剧烈，企业对直接税税负变动的反应更为敏感、承受能力更弱。因此，从维护企业生存环境的角度出发，除非先有降低财政支出的可行方案，否则，改变当前税制结构、提升直接税占比的方案应慎行。

6.2.4　全面营造良好的营商环境

2008 年世界金融危机以来，减税一直是我国财税体制改革的重要内容，但实际上有必要强调的是，不仅仅减税是帮扶企业的有效措施，优化开支结构、增加国民收入以期扩大内需，同样也是在支持企业；如果支出得当，增税也可以帮助企业、刺激经济增长（贾康等，2002；白景明，2009）。在美国大幅减税、吸引制造业回流的背景下，多国政府相继跟进减税（李炜光等，2017b），"减税"似乎已经成为一种政治正确的表达方式，"增税"显然难以凝聚改革的共识，但是就中国的市场状况而言，企业的经营成本非常复杂，税收负担只占较小一部分，减税不是政府救助企业的灵丹妙药。本书对我国企业生存风险影响因素的实证结果证明，政府对企业所能采取的帮扶措施远不止减税：在促进市场化程度、规范竞争秩序、帮助企业减轻人工、融资等其他成本方面均大有可为，这些措施对企业投资和生存的影响效果可能会比减税更有效，这也与贾康等（2017）、刘尚希（2017）、李文（2017）、中国财政科学研究院"降成本"课题组（2017）等的观点相似。

1. 大力降低企业用工成本等其他成本

近年来，我国社会平均工资水平不断上调，劳动力成本较快增长，对企业的经营造成了明显压力。《2011 年千户民营企业跟踪调查报告》（中国企业家调查系统，2011）、《我国民营经济发展状况和经营环境问题研究》（中华民营企业联合会，2013）均将劳动力成本上升列为民营企业发展面临的首要成本问题。劳动力成本快速上升的原因较为复杂，应采取效措施延缓这一趋势。具体可通过把握好最低工资标准的提高幅度和频率、加快企业社保基金缴费政策的改革、放宽户籍制度对劳动力资源流动的限制等，最重要的是政府有必要通过增加城市住房土地供给、加大国民教育和医卫事业的支出、控制通货膨胀等措施，切实降低劳动者在城市生活和工作的刚性成本，起码应当限制这些成本的过快增长，以此来降低劳动者提升工资的诉求。

由于数据限制，企业原材料成本、用地成本、用能成本、物流成本等因素虽然未纳入本书的控制变量，但是理论上，其对企业生存风险的影响也与劳动力成本有相似之处，同样值得严肃对待、积极改革。

2. 坚定不移地推进以市场化为取向的经济改革

政府职能不能缺位，也不宜越位，但是长期以来，我国公共部门对经济的过度干预，如部分行业的市场准入严苛、行政审批手续过多、依附于行政审批的中介服务繁多等行为（中华民营企业联合会，2013；中国财政科学研究院"降成本"课题总报告撰写组，2016），加剧了部分行业的非自然垄断，提高了企业的制度性交易成本，势必影响区域市场化进程，降低整体资源配置效率。本书的实证结果发现，市场化程度的提高有利于提升企业的投资产出效率、降低退出风险。因此，未来应当大力降低不合理的制度性成本，积极引导建立公平、透明的市场竞争秩序，在更多行业中对民族企业实行开放、公正的市场准入制度，反对地方保护主义，反对非自然垄断和不正当竞争，为企业创造健康运行的良性市场环境。

3. 促进金融市场化程度

近年来，尤其是 2008 年世界金融危机以来，我国陆续出台多项惠及民营企业的金融扶持政策，但这些政策仍在既有的金融系统内，实施过程中仍然面临不小的困难，民营企业依然主要靠民间间接渠道进行融资（中华民营企业联合会，2013）。本书的实证结果发现，金融市场化程度的提高有利于降低企业的退出风险，因此，本书主张：一方面，在现有金融体系下，进一步落实和推进有利于不同所有制企业公平信贷的融资政策，另一方面，在严密防范金融风险的基础上，积极、稳健地推进金融领域的市场化改革。本书的实证结果印证了贾康（2017）的观点：我国在深化经济改革的过程中，应当大力推动金融体系的多样化，争取能够无缝连接实体经济的各种融资需求，在降低民间融资成本的同时，减轻国有金融机构的业务负担。

4. 适当扩大对外开放，积极吸引外国投资

外国先进企业和资本的进入有利于本土企业的"干中学"，有利于中外企业在合作、竞争中"互相学"。本书的实证结果发现，吸引外资程度与企业退出风险之间负相关，因此主张继续坚定不移地吸引外国投资，适当扩大外商投资准入领域，以更加开放的态度参与双边或多边投资协定谈判，更加自信地在全国范围内推广外资管理制度改革创新的试验。

6.2.5 大力提升企业内生动能

随着我国宏观经济下行和企业综合成本的逐步提高，以往那种依靠低成本扩张和薄利多销的经营模式已难以适应深度调整的市场环境，不少企业的盈利空间受到挤压，甚至面临长期亏损和退出市场的风险。李春瑜（2016）的研究发现：2009～2014年，中国制造业上市公司以营业收入为基数的税负水平基本稳定，但以利润为基数的税负水平快速上升，这说明部分企业税负痛感的提升很可能只是自身利润下降所导致。这种情况下，一些企业寄希望于减税来度过经营困境的心情可以理解，但是应该明白"企业自身有病，一根稻草都嫌重"（中国财政科学研究院"降成本"课题总报告撰写组，2016）的道理；减税替代不了企业自身创新与升级的作用，而后者的紧迫性更大。在消费和需求环境得不到有效改善的大环境下，减税对企业投资的激励作用较为有限，最终所能拯救的企业可能也比较有限，反而有延缓市场效率调整和产业升级之嫌。

政府固然可以在营造良好营商环境、帮助企业提高信息获取能力与经营素质、推动产业升级和转型等方面扮演重要角色，但必须认识到，企业内功的提高才是应对市场风险的关键。基于本书的实证结果建议：企业应当在牢固树立风险意识的基础上，完善内部治理结构，提高员工素质和投资的产出效率，加强财务管理，警惕债务风险，避免盲目扩张和资金链杠杆率过高，通过自身的技术创新与产业升级，增强自身创造附加值和消化成本的能力，展现出强劲的生机与活力，以应对复杂多变的国内外经济形势和日益激烈的市场挑战。

参 考 文 献

［1］安体富：《当前世界减税趋势与中国税收政策取向》，载于《经济研究》2002 年第 2 期，第 17～22 页。

［2］白景明：《正确认识减税效应》，载于《中国税务》2009 年第 3 期，第 20～22 页。

［3］鲍宗客：《创新行为与中国企业生存风险：一个经验研究》，载于《财贸经济》2016 年第 2 期，第 85～99 页。

［4］蔡昌、田依灵：《产权性质、税收负担与企业财务绩效关系研究》，载于《税务研究》2017 年第 6 期，第 9～14 页。

［5］车菲：《税收负担、融资决策与企业价值研究》，天津财经大学 2013 年学位论文。

［6］陈明艺、李娜、王冬、孙许林：《异质类企业税收负担比较研究——基于上海市上市公司样本》，载于《上海经济研究》2018 年第 3 期，第 52～60 页。

［7］陈平路、陈波涛：《税收政策对企业投资的影响》，载于《涉外税务》2010 年第 1 期，第 28～31 页。

［8］陈强：《高级计量经济学及 Stata 应用（第二版）》，高等教育出版社 2014 年版，第 599～600 页。

［9］陈烨、张欣、寇恩惠、刘明：《增值税转型对就业负面影响的 CGE 模拟分析》，载于《经济研究》2012 年第 9 期，第 29～42 页。

［10］陈勇兵、李燕、周世民：《中国企业出口持续时间及其决定因素》，载于《经济研究》2012 年第 7 期，第 48～60 页。

［11］崔九九：《企业税收负担度量理论模型评述及创新探讨》，载于《会计之友》2017 年第 2 期，第 75～79 页。

［12］邓学芬、黄功勋、张学英、周继春：《企业人力资源与企业绩效关系的实证研究——以高新技术企业为例》，载于《宏观经济研

究》2012 年第 1 期，第 73～79 页。

　　［13］樊纲、王小鲁、朱恒鹏：《中国市场化指数：各地区市场化相对进程 2011 年报告》，经济科学出版社 2011 年版。

　　［14］范子英：《政府给企业"减负"：不在减税，在扩大内需》，http：//www. thepaper. cn/newsDetail_forward_1586141，2012 年 12 月 23 号。

　　［15］方瑨：《内部控制、非效率投资与企业价值》，载于《会计之友》2017 年第 4 期，第 79～83 页。

　　［16］冯兴元：《提振制造业，减税不如低税》，http：//finance. sina. com. cn/zl/china/2017 - 01 - 03/zl - ifxzczfc6690634. shtml，2017 年 1 月 3 日。

　　［17］付文林、赵永辉：《税收激励、现金流与企业投资结构偏向》，载于《经济研究》2014 年第 5 期，第 19～33 页。

　　［18］高凤勤、邵作昌：《税收与资本结果和治理结构的相关性分析》，载于《财会研究》2007 年第 2 期，第 20～21 页。

　　［19］高凌江、夏杰长：《中小企业发展的税费环境分析及对策建议》，载于《税务研究》2012 年第 5 期，第 73～77 页。

　　［20］高凌云、屈小博、贾朋：《外商投资企业是否有更高的退出风险》，载于《世界经济》2017 年第 7 期，第 52～77 页。

　　［21］高培勇：《减税：中国的复杂性》，载于《国际税收》2016 年第 1 期，第 26～27 页。

　　［22］高培勇：《中国的税负到底重不重?》，载于《涉外税务》2006 年第 6 期，第 5～6 页。

　　［23］高素英、赵曙明、彭喜英：《人力资源存量与企业绩效关系的实证研究》，载于《天津大学学报》2011 年第 1 期，第 1～6 页。

　　［24］郭晶、周玲丽：《贸易政策不确定性、关税变动与企业生存》，载于《国际贸易问题》2019 年第 5 期，第 22～40 页。

　　［25］国家工商总局企业注册局、信息中心：《全国内资企业生存时间分析报告》，第 1～8 页。

　　［26］国家统计局：《2017 年 1 - 8 月份全国固定资产投资（不含农户）增长 7.8%》，http：//www. stats. gov. cn/tjsj/zxfb/201709/t20170914_1533822. html，2017 年 9 月 14 日。

[27] 韩文龙、黄城、谢璐:《诱导性投资、被迫式竞争与产能过剩》,载于《社会科学研究》2016年第4期,第25~33页。

[28] 郝臣:《中小企业成长:政策环境与企业绩效——来自中国23个省市309家中小企业的经验数据》,载于《上海经济研究》2006年第11期,第15~22页。

[29] 郝前进、金宝玲:《行业差异、企业行为与企业生存时间的影响因素研究》,载于《经济体制改革》2011年第6期,第95~98页。

[30] 何轩、马骏、朱丽娜、李新春:《腐败对企业家活动配置的扭曲》,载于《中国工业经济》2016年第12期,第106~122页。

[31] 何源、白莹、文翘:《财政补贴、税收与公司投资行为》,载于《财经问题研究》2006年第6期,第54~58页。

[32] 洪银兴、尚长风:《公共财政学(第四版)》,南京大学出版社2017年版,第185页。

[33] 胡建平、干胜道:《钱多办坏事:自由现金流量与过度投资》,载于《当代财经》2007年第11期,第99~116页。

[34] 胡文龙、杜莹芬:《企业税负衡量研究述评》,载于《中国流通经济》2014年第11期,第115~122页。

[35] 黄昌富、莫停:《控制类型差异、企业投资行为与企业绩效——中国上市家族企业的经验分析与实证检验,载于《经济问题研究》2016年第8期,第56~66页。

[36] 黄朝晓:《小型企业税收制度》,载于《涉外税务》2011年第6期,第55~58页。

[37] 黄荣哲、农丽娜:《税收结构调整与固定资产投资之间溢出效应研究——兼论营业税改增值税政策的潜在影响》,载于《投资研究》2014年第1期,第4~12页。

[38] 惠金礼:《我国民营中小企业短寿的原因与对策》,载于《商场现代化》2005年第3期,第21~22页。

[39] 贾康:《提高直接税减少百姓"税负痛苦"》,载于《经济》2014年第5期,第13页。

[40] 贾康:《中国企业税费负担的"全景图"和改革的真问题》,载于《经济导刊》2017年第8期,第20~28页。

[41] 贾康、程瑜:《论"十二五"时期的税制改革——兼谈对结

构性减税与结构性增税的认识》，载于《税务研究》2011 年第 1 期，第 3～8 页。

[42] 贾康、刘尚希、吴晓娟、史兴旺：《怎样看待税收的增长和减税的主张——从另一个角度的理论分析与思考》，载于《管理世界》2002 年第 7 期，第 24～30 页。

[43] 贾康、欧纯智：《世界减税潮背景下的中国方案》，载于《中国党政干部论坛》2017 年第 6 期，第 40～42 页。

[44] 江金彦、王晓玲：《我国税收对投资影响的实证分析》，载于《工业技术经济》2006 年第 11 期，第 158～161 页。

[45] 江少波、唐菁菁、杨琳：《自由现金流量、投资效率与股利分配》，载于《财会通讯》2015 年第 15 期，第 43～48 页。

[46] 蒋东升：《过度投资与企业价值》，载于《管理世界》2011 年第 1 期，第 174～175 页。

[47] 蒋小平、叶子荣：《税收结构与中小企业发展——基于中国省际面板数据的实证分析》，载于《财经问题研究》2013 年第 6 期，第 123～129 页。

[48] 柯振堃、陈晓娟、林康康：《基于联合投资下的创业投资对企业绩效影响——来自中国创业板的实证研究》，载于《科技管理研究》2012 年第 20 期，第 238～242 页。

[49] 黎日荣：《企业融资约束、退出与资源误配》，载于《财贸研究》2016 年第 3 期，第 126～137 页。

[50] 李春瑜：《制造业上市公司税负实证分析——总体趋势、影响因素与差异比较》，载于《经济与管理评论》2016 年第 4 期，第 87～93 页。

[51] 李峰、Yao Shujie：《结构性减税下小微企业税率调整分析模型》，载于《中国管理科学》2014 年第 5 期，第 24～32 页。

[52] 李红、龚恩华：《税费负担与中小企业发展困境关联性研究——常州市中小企业调研分析》，载于《开发研究》2013 年第 2 期，第 120～124 页。

[53] 李丽丽、綦建红：《实际税负对中国企业对外直接投资的影响——来自中国工业企业的证据》，载于《中国经济问题》2017 年第 5 期，第 34～46 页。

[54] 李林木、汪冲：《税费负担、创新能力与企业升级——来自"新三板"挂牌公司的经验证据》，载于《经济研究》2017 年第 11 期，第 119～134 页。

[55] 李平、简泽、江飞涛：《工业部门的生产率——开放竞争作为一个效率增进过程》，载于《数量经济技术经济研究》2012 年第 9 期，第 3～21 页。

[56] 李万福、林斌、杜静：《中国 R&D 税收优惠政策的激励效应研究》，载于《管理世界》2013 年第 6 期，第 174～176 页。

[57] 李万甫：《"死亡税率"引发的税负问题思考》，http://www. chinatax. gov. cn//n810219/n810724/c2416344/content. html，2016 年 12 月 21 日。

[58] 李炜光、臧建文：《中国企业税负高低之谜：寻找合理的企业税负衡量标准》，载于《南方经济》2017 年第 1 期，第 1～23 页。

[59] 李炜光、张林、臧建文：《民营企业生存、发展与税负调查报告》，载于《学术界》2017 年第 7 期：第 5～13 页。

[60] 李文：《税制结构与我国企业税收负担》，载于《东北师大学报（哲学社会科学版)》2017 年第 5 期，第 16～24 页。

[61] 李文昌、戴宜静：《投资效率、高管团队特征与企业绩效——基于 Bootstrap 法的路径模型分析》，载于《财会月刊》2016 年第 9 期，第 85～91 页。

[62] 李香菊、祝玉坤：《中国采矿企业税收负担与经营绩效的实证研究》，载于《中国人口、资源与环境》2014 年第 2 期，第 149～153 页。

[63] 李旭超、鲁建坤、金祥荣：《僵尸企业与税负扭曲》，载于《管理世界》2018 年第 4 期，第 17～24 页。

[64] 李旭红：《中小企业税收负担与企业成长性实证研究——基于创业板公司数据的分析》，载于《国际税收》2016 年第 2 期，第 67～70 页。

[65] 李焰、秦义虎、张肖飞：《企业产权、管理者背景特征与投资效率》，载于《管理世界》2011 年第 1 期，第 135～144 页。

[66] 李增福、徐媛：《税率调整对我国上市公司实际税收负担的影响》，载于《经济科学》2010 年第 3 期，第 27～38 页。

［67］梁彤缨、冯莉、陈修德：《税式支出、财政补贴对研发投入的影响研究》，载于《软科学》2012 年第 5 期，第 2 ~ 50 页。

［68］林江、温海滢：《税收学》，东北财经大学出版社 2009 年版，第 44 页。

［69］林江、徐世长：《边际有效税率、企业投资与税收政策调整》，载于《战略决策研究》2013 年第 4 期，第 52 ~ 61 页。

［70］林炜：《企业创新激励：来自中国劳动力成本上升的解释》，载于《管理世界》2013 年第 9 期。

［71］林志帆、刘诗源：《税收负担与企业研发创新——来自世界银行中国企业调查数据的经验证据》，载于《财政研究》2017 年第 2 期，第 98 ~ 112 页。

［72］刘彩霞：《我国小微企业税费负担分析及建议》，载于《财会月刊》2013 年第 2 期，第 58 ~ 61 页。

［73］刘畅：《新时期我国中小企业税费政策分析及对策思考》，载于《经济问题探索》2012 年第 8 期，第 98 ~ 102 页。

［74］刘畅：《中国企业税费负担分析——政策执行的视角》，载于《经济问题探索》2011 年第 7 期，第 134 ~ 138 页。

［75］刘成龙：《完善税收政策　支持中小企业发展》，载于《税务研究》2011 年第 6 期，第 21 ~ 26 页。

［76］刘红霞、索玲玲：《会计稳健性、投资效率与企业价值》，载于《审计与经济研究》2011 年第 5 期，第 53 ~ 63 页。

［77］刘慧凤、曹睿：《企业所得税制度改革对投资的激励效果——基于上市公司数据的实证检验》，载于《税务与经济》2011 年第 3 期，第 88 ~ 95 页。

［78］刘慧龙、吴联生：《制度环境、所有权性质与企业实际税率》，载于《管理世界》2014 年第 4 期，第 42 ~ 52 页。

［79］刘建民、曹燕萍：《税收学》，西南财经大学出版社 2000 年版，第 63 页。

［80］刘金东、薛一帆：《我国宏观税负抑制了企业投资增长吗——基于不同注册类型企业的实证分析》，载于《西部论坛》2017 年第 9 期，第 79 ~ 85 页。

［81］刘津宇、王正位、朱武祥：《过度投资的理论与实证研究：

综述与反思》，载于《投资研究》2014 年第 8 期，第 4~16 页。

[82] 刘骏、刘峰：《财政集权、政府控制与企业税负——来自中国的证据》，载于《会计研究》2014 年第 1 期，第 21~27 页。

[83] 刘蓉：《税费负担影响企业发展了吗?》，载于《人民论坛》2017 年第 3 期，第 80~82 页。

[84] 刘蓉、祖进元、王雯：《供给学派理论对当前我国减税政策的启迪》，载于《税务研究》2016 年第 2 期，第 18~23 页。

[85] 刘尚希：《税收负担只占企业综合成本的 6%——来自中国财政科学研究院的调研数据的分析》，http：//finance. ifeng. com/a/20170124/15166377_0. shtml，2017 年 1 月 24 日。

[86] 刘尚希：《"死亡税率"的说法太夸张》，http：//opinion. people. com. cn/GB/n1/2016/1221/c1003 – 28966303. html，2016 年 12 月 21 日。

[87] 刘星、彭程：《负债融资与企业投资决策：破产风险视角的互动关系研究》，载于《管理工程学报》2009 年第 1 期，第 104~111 页。

[88] 刘行、李小容：《金字塔结构、税收负担与企业价值：基于地方国有企业的证据》，载于《管理世界》2012 年第 2 期，第 91~105 页。

[89] 刘晔、张训常：《宏观税负与企业生存——基于生存分析方法的研究》，载于《财会月刊》2021 年第 18 期，第 102~109 页。

[90] 刘振：《补贴政策与投资激励实证研究——基于中国上市高新技术企业的面板数据》，载于《中国科技论坛》2009 年第 12 期，第 57~63 页。

[91] 柳光强、杨芝晴、曹普桥：《产业发展视角下税收优惠与财政补贴激励效果比较研究——基于信息技术、新能源产业上市公司经营业绩的面板数据分析》，载于《财贸经济》2015 年第 8 期，第 38~47 页。

[92] 柳建华、魏明海：《产权约束、投资选择与企业绩效：集约化经营抑或粗放式发展》，载于《当代财经》2010 年第 6 期，第 106~116 页。

[93] 卢剑峰、张晓飞：《CEO 权力、投资决策与民营企业价值》，载于《山西财经大学学报》2016 年第 12 期，第 102~112 页。

[94] 鲁桐、党印：《公司治理与技术创新：分行业比较》，载于《经济研究》2014年第6期，第115~128页。

[95] 逯宇铎、于娇、刘海洋：《出口行为对企业生存时间的强心剂效应研究——来自1999-2008年中国企业面板数据的实证分析》，载于《经济理论与经济管理》2013年第8期，第60~71页。

[96] 吕冰洋：《我国宏观税负不高，为何企业感觉负担重》，载于《人民论坛》2017年第3期，第82~83页。

[97] 吕冰洋：《以居民部门为目标进行减税的原因和效果分析》，载于《税务研究》2008年第11期，第24~27页。

[98] 吕冰洋、禹奎：《我国税收负担的走势与国民收入分配格局的变动》，载于《财贸经济》2009年第3期，第72~77页。

[99] 罗红霞、李红霞、刘璐：《公司高管个人特征对企业绩效的影响——引入中介变量：投资效率》，载于《经济问题》2014年第1期，第110~114页。

[100] 罗绍德、蔡奋：《我国资产投资行为对企业竞争优势的影响——来自中国制造业上市公司的经验数据》，载于《财经科学》2007年第10期，第96~102页。

[101] 马光荣、李力行：《金融契约效率、企业退出与资源误置》，载于《世界经济》2014年第10期，第77~103页。

[102] 马光远：《"死亡税率"下中国企业能活下来已是奇迹》，http：//news. hexun. com/2016-11-15/186889471. html，2016年11月15日。

[103] 马金城、张力丹、罗巧艳：《管理层权力、自由现金流量与过度并购——基于沪深上市公司并购数据的实证研究》，载于《宏观经济研究》2017年第9期，第32~40页。

[104] 马芸烨：《区域宏观税负影响因素及变动分析》，上海社会科学院2011年学位论文。

[105] 毛清华、张琳：《装备制造业人力资源与企业绩效关系的实证研究》，载于《工业技术经济》2012年第1期，第4~91页。

[106] 毛捷、赵静、黄春元：《增值税全面转型对投资和就业的影响——来自2008—2009年全国税收调查的经验证据》，载于《财贸经济》2014年第6期，第14~24页。

[107] 毛其淋、盛斌：《中国制造业企业的进入退出与生产率动态演化》，载于《经济研究》2013 年第 4 期，第 16~29 页。

[108] 聂辉华、方明月、李涛：《增值税转型对企业行为和绩效的影响——以东北地区为例》，载于《管理世界》2009 年第 5 期，第 17~24 页。

[109] 潘石、王文汇：《税收负担效应分析》，载于《税务研究》2010 年第 5 期，第 78~83 页。

[110] 庞凤喜、刘畅：《关于企业微观税负的衡量问题探讨》，载于《税务研究》2017 年第 6 期，第 15~19 页。

[111] 庞凤喜、刘畅、米冰：《减税与减负：企业负担的类型与成因》，载于《税务研究》2016 年第 12 期，第 65~70 页。

[112] 钱金保、常汝用：《"死亡税率"还是言过其实》，载于《地方财政研究》2018 年第 1 期，第 62~81 页。

[113] 钱淑萍：《税收学》，上海财经大学出版社 2017 年版，第 34~36 页。

[114] 钱淑萍：《税收学》，上海财经大学出版社 2005 年版，第 38 页。

[115] 乔睿蕾、陈良华：《税负转嫁能力对'营改增'政策效应的影响——基于现金、现金流敏感性视角的检验》，载于《中国工业经济》2017 年第 6 期，第 117~135 页。

[116] 冉渝、李秉成：《货币政策、企业资金占有与过度投资》，载于《财会月刊》2016 年第 21 期，第 3~9 页。

[117] 申广军、陈斌开、杨汝岱：《减税能否提振中国经济——基于中国增值税改革的实证研究》，载于《经济研究》2016 年第 11 期，第 70~82 页。

[118] 申广军、邹静娴：《企业规模、政企关系与实际税率——来自世界银行"投资环境调查"的证据》，载于《管理世界》2017 年第 6 期，第 23~36 页。

[119] 申慧慧、于鹏、吴联生：《国有股权、环境不确定性与投资效率》，载于《经济研究》2012 年第 7 期，第 113~126 页。

[120] 石恩祥、林静：《企业税收负担及总体负担的实证分析》，载于《税务研究》1999 年第 5 期，第 36~40 页。

［121］史宇鹏、和昂达、陈永伟:《产权保护与企业存续:来自制造业的证据》,载于《管理世界》2013年第8期,第118~125页。

［122］宋丽颖、杨潭、钟飞:《营改增后企业税负变化对经济行为和绩效的影响》,载于《税务研究》2017年第12期,第84~88页。

［123］孙玉栋:《我国主体税种税收负担的实证分析》,载于《税务研究》2006年第11期,第11~17页。

［124］孙玉栋、孟凡达:《我国小微企业税费负担及优惠政策的效应分析》,载于《审计与经济研究》2016年第3期,第101~110页。

［125］锁箭、李先军:《中小企业人力资源与企业绩效的实证研究——以中小上市公司为例》,载于《经济问题探索》2015年第9期,第185~190页。

［126］谭光荣、曹燕萍、唐明:《税收学》,清华大学出版社2013年版,第55页。

［127］谭光荣、尹宇:《我国区域、地区宏观税负比较研究》,载于《财会月刊》2013年第6期,第41~43页。

［128］唐祥来、倪琳、孔娇娇:《中国税制改革路径选择:从投资激励向消费激励转型》,载于《中央财经大学学报》2013年第5期,第14~19页。

［129］田巍、余淼杰:《企业生产率和企业"走出去"对外直接投资:基于企业层面数据的实证研究》,载于《经济学(季刊)》2012年第1期。

［130］汪德华:《差异化间接税投资抵扣能改善企业投资结构吗——来自中国2009年增值税转型改革的经验证据》,载于《数量经济技术经济研究》2016年第9期,第41~58页。

［131］汪德华、李琼:《宏观税负与企业税负地区间差异之比较——基于工业企业数据计量分解的分析》,载于《财贸经济》2015年第3期,第66~72页。

［132］王蓓、崔治文:《有效税率、投资与经济增长:来自中国数据的经验实证》,载于《管理评论》2012年第7期,第3~12页。

［133］王德文、王美艳、陈兰:《中国工业的结构调整、效率与劳动配置》,载于《经济研究》2004年第4期,第41~49页。

［134］王昉:《中国上市公司所得税税收负担问题研究》,载于

《经济研究》1999 年第 5 期，第 49 ~ 54 页。

[135] 王峰、周南南：《中国企业生命表的编制》，载于《统计研究》2009 年第 12 期，第 60 ~ 67 页。

[136] 王桂花：《会计稳健性、企业投资效率与企业价值——来自中国上市公司的经验证据》，载于《山西财经大学学报》2015 年第 4 期，第 115 ~ 124 页。

[137] 王坚强、阳建军：《基于 DEA 模型的企业投资效率评价》，载于《科研管理》2010 年第 4 期，第 73 ~ 80 页。

[138] 王京、罗福凯：《环境不确定性、技术投资选择与企业价值》，载于《经济管理》2017 年第 5 期，第 158 ~ 176 页。

[139] 王玮：《税收学原理》，清华大学出版社 2012 年版，第 309 ~ 310 页。

[140] 王延明：《上市公司所得税负担研究——来自规模、地区和行业的经验证据》，载于《管理世界》2003 年第 1 期，第 115 ~ 122 页。

[141] 王志浩、陆丰刚：《现代劳动经济学——框架与方法》，科学出版社 2017 年版，第 43 ~ 58 页。

[142] 卫旭华、刘咏梅、邹意：《高管与员工薪酬差距扩大演化机制的纵贯研究》，载于《财贸经济》2018 年第 2 期，第 88 ~ 99 页。

[143] 魏锋、冉光和：《管理层持股比例下的公司投资行为与公司价值》，载于《重庆大学学报（自然科学版）》2006 年第 7 期，第 156 ~ 160 页。

[144] 魏下海、董志强、金钊：《腐败与企业生命力：寻租和抽租影响开工率的经验研究》，载于《世界经济》2015 年第 1 期，第 105 ~ 125 页。

[145] 吴辉航、刘小兵、季永宝：《减税能否提高企业生产效率——基于西部大开发准自然实验的研究》，载于《财经研究》2017 年第 4 期，第 55 ~ 67 页。

[146] 吴小立、廖东声：《人力资源、R&D 投资与科技企业绩效》，载于《科技管理研究》2010 年第 21 期，第 59 ~ 64 页。

[147] 吴旭东、刘宝如：《税收与民间投资的计量分析》，载于《税务研究》2010 年第 6 期，第 33 ~ 36 页。

[148] 吴祖光、万迪防、王文虎：《税收优惠方式对研发投入激励

效果的实验研究》，载于《系统工程理论与时间》2017 年第 12 期，第 3026～3039 页。

［149］吴祖光、万迪昉、罗进辉：《市场化程度、代理成本与企业税收负担——基于不同产权主体的研究》，载于《经济管理》2011 年第 11 期，第 1～8 页。

［150］伍旭：《如何破解小微企业融资难——基于中小企业生存发展理论的思考》，载于《经济研究导刊》2012 年第 27 期，第 81～83 页。

［151］向景、马光荣、魏升民：《减税能否提振企业绩效——基于上市公司数据的实证研究》，载于《学术研究》2017 年第 10 期，第 102～108 页。

［152］行伟波：《税制改革、实际税负与企业绩效》，载于《经济研究参考》2013 年第 67 期，第 79～88 页。

［153］许家云、毛其淋：《政府补贴、治理环境与中国企业生存》，载于《世界经济》2016 年第 2 期，第 75～99 页。

［154］许伟、陈斌开：《税收激励和企业投资——基于 2004-2009 年增值税转型的自然实验》，载于《管理世界》2016 年第 5 期，第 9～17 页。

［155］许智博：《从投资决策角度剖析中小企业倒闭潮》，载于《现代经济信息》2011 年第 3 期，第 186 页。

［156］闫甜、李峰：《税收负担的国际趋同研究》，载于《经济研究参考》2016 年第 58 期，第 18～25 页。

［157］阎坤、杨元杰：《对我国创业投资税收激励政策的探讨》，载于《税务研究》2004 年第 7 期，第 17～21 页。

［158］杨灿明：《减税降费：成效、问题与路径选择》，载于《财贸经济》2017 年第 9 期，第 5～17 页。

［159］杨华军、胡奕明：《制度环境与自由现金流的过度投资》，载于《经济研究》2007 年第 9 期，第 99～116 页。

［160］杨鹏、高素英、许龙：《高管人力资源、员工人力资源对企业绩效的影响——有调节的中介效应分析》，载于《技术经济与管理研究》2017 年第 4 期，第 52～58 页。

［161］杨兴全、张照南：《制度背景、股权性质与公司持有现金价

值》，载于《经济研究》2008 年第 12 期，第 111 ~ 123 页。

[162] 杨杨、汤晓健、杜剑：《我国中小型民营企业税收负担与企业价值关系——基于深交所中小版上市公司数据的实证分析》，载于《税务研究》2014 年第 3 期，第 3 ~ 7 页。

[163] 杨志勇：《"死亡税率"是假，但企业税负难题是真》，载于《中国经济周刊》2016 年第 12 期，第 75 ~ 77 页。

[164] 叶蓓、袁建国：《管理者信心、企业投资与企业价值：基于我国上市公司的经验证据》，载于《中国软科学》2008 年第 2 期，第 97 ~ 108 页。

[165] 叶玲、王亚星：《管理者过度自信、企业投资与企业绩效——基于我国 A 股上市公司的实证检验》，载于《山西财经大学学报》2013 年第 1 期，第 116 ~ 124 页。

[166] 于海峰、陈小安、赵丽萍：《税收学概论》，经济科学出版社 2016 年版，第 141 页。

[167] 于娇、逯宇铎、刘海洋：《出口行为与企业生存概率：一个经验研究》，载于《世界经济》2015 年第 4 期，第 25 ~ 49 页。

[168] 于文超、周雅玲、肖忠意：《税务检查、税负水平与企业生产效率——基于世界银行企业调查数据的经验研究》，载于《经济科学》2015 年第 2 期，第 70 ~ 81 页。

[169] 余淼杰：《中国的贸易自由化与制造业企业生产率》，载于《经济研究》2010 年第 12 期，第 97 ~ 110 页。

[170] 俞光远：《我国税制改革和法制建设 30 年历程及经验》，载于《税务研究》2008 年第 10 期，第 21 ~ 23 页。

[171] 俞红海、徐龙炳、陈百助：《终极控股股东控制权与自由现金流过度投资》，载于《经济研究》2010 年第 8 期，第 99 ~ 116 页。

[172] 袁从帅、刘晔、王治华、刘睿智：《"营改增"对企业投资、研发及劳动雇佣的影响——基于中国上市公司双重差分模型的分析》，载于《中国经济问题》2015 年第 4 期，第 3 ~ 13 页。

[173] 袁隽媛：《我国结构性减税政策思考》，载于《财会月刊》2013 年第 7 期，第 45 ~ 47 页。

[174] 袁卫秋：《投资效率、现金持有与企业价值——基于融资约束视角的研究》，载于《经济与管理研究》2014 年第 2 期，第 103 ~ 111 页。

［175］詹雷、王瑶瑶：《管理层激励、过度投资与企业价值》，载于《南开管理评论》2013 年第 3 期，第 36～46 页。

［176］张斌：《构建扶持小微企业发展的税费政策体系》，载于《税务研究》2015 年第 5 期，第 7～12 页。

［177］张敦力、石宗辉、郑晓红：《自由现金流量理论发展的路径、挑战与机遇》，载于《会计研究》2014 年第 15 期，第 61～67 页。

［178］张功富：《财务杠杆、投资行为与企业竞争优势——来自中国上市公司的经验证据》，载于《经济与管理研究》2009 年第 2 期，第 44～51 页。

［179］张功富、宋献中：《财务困境企业资本投资行为的实证研究——来自中国上市公司的经验证据》，载于《财经理论与实践》2007 年第 5 期，第 33～40 页。

［180］张洪辉、王宗军：《过度投资、投资不足与中国上市公司市场价值》，载于《贵州财经学院学报》2010 年第 1 期，第 34～40 页。

［181］张鸿：《企业寿命问题研究》，载于《商业研究》2005 年第 324 期。

［182］张焕平：《促进我国小微企业发展的税收政策研究》，载于《改革与战略》2017 年第 6 期，第 91～93 页。

［183］张会丽、陆正飞：《现金分布、公司治理与过度投资——基于我国上市公司及其子公司的现金持有状况的考察》，载于《管理世界》2012 年第 3 期，第 141～150 页。

［184］张杰、黄泰岩、芦哲：《中国企业利润来源与差异的决定机制研究》，载于《中国工业经济》2011 年第 1 期，第 27～37 页。

［185］张金昌、齐雯、齐霁：《中国企业税负水平评价与国际比较》，载于《会计之友》2017 年第 12 期，第 79～84 页。

［186］张玲、朱婷婷：《税收征管、企业避税与企业投资效率》，载于《审计与经济研究》2015 年第 2 期，第 83～92 页。

［187］张伦俊、李淑萍：《规模以上工业企业的行业税负研究》，载于《统计研究》2012 年第 2 期，第 66～72 页。

［188］张曙光：《中国为什么应当实行轻税制度》，http：//jer. whu. edu. cn/jjgc/7/2017－01－23/3815. html，2017 年 1 月 23 日。

［189］张同斌、高铁梅：《财税政策激励、高新技术产业发展与产

业结构调整》，载于《经济研究》2012 年第 5 期，第 58~70 页。

[190] 张侠、刘小川：《中国宏观税负合理性分析——基于国际比较视角》，载于《开发研究》2014 年第 5 期，第 110~113 页。

[191] 张璇、刘贝贝、胡颖：《吃喝腐败、税收寻租与企业成长——来自中国企业的经验证据》，载于《南方经济》2016 年第 11 期，第 1~21 页。

[192] 张训常、苏巧玲、刘晔：《政资不分：财政压力对国有企业生存发展的影响》，载于《财贸经济》2019 年第 11 期，第 129~143 页。

[193] 张瑶、朱为群：《我国企业税负"痛感"凸显之谜探析》，载于《南方经济》2017 年第 6 期，第 44~52 页。

[194] 张莹、王雷：《税收激励、投资结构偏向与企业价值》，载于《财贸研究》2016 年第 5 期，第 136~146 页。

[195] 赵福昌：《企业间接税税收负担的理论分析——一个认识政府与企业分配关系的视角》，载于《财政研究》2010 年第 9 期，第 11~15 页。

[196] 赵惠敏、蔺大勇：《结构性减税与小微企业发展》，载于《当代经济研究》2012 年第 8 期。

[197] 赵连伟：《营改增的企业成长效应研究》，载于《中央财经大学学报》2015 年第 7 期，第 20~27 页。

[198] 赵岩、赵敬东：《企业投资行为、企业竞争优势与企业价值的关系研究》，载于《湖南财政经济学院学报》2013 年第 10 期，第 53~58 页。

[199] 郑春荣：《"税收痛苦指数"的理论错误与反思》，载于《经济问题》2009 年第 2 期，第 114~117 页。

[200] 中国财政科学研究院"降成本"课题总报告撰写组：《关于实体经济企业降成本的看法》，载于《财政研究》2016 年第 11 期，第 2~18 页。

[201] 中国财政科学研究院"降成本"课题组：《降成本：2017 年的调查与分析》，载于《财政研究》2017 年第 5 期，第 2~29 页。

[202] 中国企业家调查系统：《当前民营企业发展的挑战与应对——2011 年千户民营企业跟踪调查报告》，载于《经济界》2011 年，第 82~94 页。

［203］"中国企业寿命测算方法及实证研究"课题组：《企业寿命测度的理论和实践》，载于《统计研究》2008年第4期，第20～32页。

［204］中国人民银行、中国银行保险监督管理委员会：《中国小微企业金融服务报告（2018）》，金融出版社2019年版，第128页。

［205］中华民营企业联合会课题组：《我国民营经济发展状况和经营环境问题研究》，载于《经济研究参考》2013年第44期，第3～29页。

［206］周波：《民生取向下深化税制改革的思路》，载于《税务研究》2013年第6期，第42～46页。

［207］周红霞、欧阳凌：《企业非效率投资行为研究综述——基于股东与经理利益冲突的视角》，载于《管理科学》2004年第12期，第23～29页。

［208］周天勇：《必须解决死亡税率的问题，否则企业都跑了》，http://finance.ifeng.com/a/20161218/15085422_0.shtml，2016年12月18日。

［209］周天勇：《供养规模、税费负担对创业、企业和就业的影响》，载于《经济研究参考》2009年第57期，第2～28页。

［210］周煊、刘燕红、刘然：《中国创业投资企业税收政策现状、问题及政策建议》，载于《财政研究》2012年第7期，第37～40页。

［211］朱克朋、刘小玄：《国有企业效率与退出选择——基于部分竞争性行业的经验研究》，载于《经济评论》2012年第3期，第69～74页。

［212］朱平芳、徐伟明：《政府的科技激励政策对大中型工业企业R&D投入及其专利产出的影响——上海市的实证研究》，载于《经济研究》2003年第6期，第45～54页。

［213］朱青：《对当前我国税负问题的看法》，载于《税务研究》2017年第3期，第3～8页。

［214］朱学义、谭雪萍：《媒体监督、非效率投资与企业价值——来自中国制造业上市公司的证据》，载于《南京审计学院学报》2014年第6期，第43～51页。

［215］朱珍：《死亡税率、税负痛感与财政支出优化研究》，载于《河北工业大学学报（社会科学版）》2017年第4期，第35～40页。

［216］Abarbanell J. S. , Bushee B. J. 1997, "Fundamental Analysis,

Future Earnings, and Stock Prices". *Journal of Accounting Research*, 35 (1): 1 –24.

[217] Agarwal R., Audretsch D. 2001, "Does Entry Size Matter? The Impact of the Life Cycle and Technology on Firm Survival". *Journal of Industrial Economics*, 49 (1): 21 –43.

[218] Agarwal R., Sarkar M. B., Echambadi R. 2002, "The Conditioning Effect of Time on Firm Survival: An Industry Life Cycle Approach". *Academy of Management Journal*, 45 (5): 971 –994.

[219] Agarwal R., Audretsch D. B. 2001, "Does Entry Size Matter? The Impact of the Life Cycle and Technology on Firm Survival". *Journal of Industrial Economics*, 49 (1): 21 –42.

[220] Agarwal R., Gort M. 2002, "Firm and Product Life Cycles and Firm Survival". *The American Economic Review*, 92 (2): 184 –190.

[221] Agarwal R. 2002, "The Conditioning Effect of Time on Firm Survival: An Industry Life Cycle Approach". *Academy of Management Journal*, 45 (5): 971 –994.

[222] Agarwal R. 1997, "Foreign Portfolio Investment in Some Developing Countries: A Study of Determinants and Macroeconomic Impact". *Indian Economic Review*: 217 –229.

[223] Anton K., Joseph E. S. 2009, "Taxation and Intertemporal Tax Arbitrage", *Journal of Public Economics*, 93 (1 –2): 142 –159.

[224] Asiaei K., Jusoh R. 2015, "A Multidimensional View of Intellectual Capital: The Impact on Organizational Performance". *Management Decision*, 2015, 53 (3).

[225] Audretsch D. B., Mahmood T. 1995, "New Firm Survival: New Results Using a Hazard Function". *The Review of Economics and Statistics*, 77 (1): 97 –103.

[226] Auerbach A. J., Hassett K., Sodersten J. 1995, "Taxation and Corporate Investment: The Impact of the 1991 Swedish Tax Reform". *Swedish Economic Policy Review*, 2 (2): 361 –383.

[227] Baily M., Lawrence R. Z. 1992, "Tax Incentives for R&D: What Do the Data Tell Us?" *Council on Research and Technology*.

[228] Baker M. , Stein J. C. , Wurgler J. 2003, "When does the Market Matter? Stock Prices and the Investment of Equity – Dependent Firms". *The Quarterly Journal of Economics*, 118: 969 – 1005.

[229] Bellone F. , Musso P. , Nesta L. 2008, "Quere M. Market Selection along the Firm Life Cycle". *Industrial and Corporate Change*, 17 (4): 753 – 777.

[230] Blanchard O. , Lopez-de-Silanes F. , Shleifer A. 1994, "What Do Firms Do With Cash?". *Journal of Financial Economics*, (36): 337 – 360.

[231] Bloom N. , Griffith R. , Reenen J. V. 2002, "Do R&D Tax Credits Work? Evidence from a Panel of Countries 1979 – 1997". *Journal of Public Economics*, 85 (1): 1 – 31.

[232] Blundell R. , Bond S. , Devereux M. , Schiantarelli F. 1992, "Investment and Tobin's Q: Evidence from Company Panel Data". *Journal of Econometrics*, 51 (1): 233 – 257.

[233] Blomström M. , Kokko A. 1998, "Multinational Corporations and Spillovers". *Journal of Economic Surveys*, 12 (3): 247 – 277.

[234] Bougheas S. , Mizen P. , Yalcin C. 2006, "Access to External Finance: Theory and Evidence on the Impact of Firm – specific Characteristics". *Journal of Banking and Finance*, 30 (1).

[235] Brandt L. , Biesebroeck J. V. , Zhang Y. F. 2012, "Creative Accounting or Creative Destruction? Firm – level Productivity Growth in Chinese Manufacturing". *Journal of Development Economics*, 97 (2): 339 – 351.

[236] Brown J. D. , Earle J. S. , Lup D. 2005, "What Makes Small Firms Grow? Finance, Human Capital, Technical Assistance and the Business Environment in Romania". *Economic Development and Cultural Change*, 54 (1): 33 – 70.

[237] Cai Hongbin, Hanming F. , Lixin C. X. 2011, "Eat, Drink, Firms, Government: An Investigation of Corruption from the Entertainment and Travel Costs of Chinese Firms". *The Journal of Law and Economics*, 54 (1): 55 – 78.

［238］Cai J. , Harrison A. E. 2015, "The Value – Added Tax Reform Puzzle". *NBER Working Paper*, No. 17532.

［239］Callejón M. , Segarra A. 1999, "Business Dynamics and Efficiency in Industries and Regions: The Case of Spain". *Small Business Economics*, 13 (4): 253 –271.

［240］Caves R. E. 1998, "Industrial Organization and New Findings on the Turnover and Mobility of Firms". *Journal of Economic Literature*, Vol. 36 (4): 1947 –1982.

［241］Chang S. J. , Wu B. 2014, "Institutional Barriers and Industry Dynamics". *Strategic Management Journal*, 35 (8): 1103 – 1123.

［242］Cho M. H. 1998, "Ownership Structure, Investment, and the Corporate Value: an Empirical Analysis". *Journal of Financial Economics*, (47): 103 –121.

［243］Cullen J. , Gordon R. 2007, "Taxes and Entrepreneurial Risk – taking: Theory and Evidence for the U. S". *Journal of Public Economics*, 91: 1479 –1505.

［244］Cummins J. G. , Hassett K. A. , Hubbard R. G. , Hall R. E. , Caballero R. J. 1994, "A Reconsideration of Investment Behavior Using Tax Reforms as Natural Experiments". *Brookings Papers on Economic Activity*, 2: 1 –74.

［245］Cummins J. G. , Hassett K. A. , R. G. Hubbard. 1996, "Tax Reforms and Investment: A Cross – country Comparison". *Journal of Public Economics*, 62 (1): 237 –273.

［246］Cutler D. M. 1988, "Tax Reform and the Stock Market: An Asset Price Approach". *American Economic Review*, 78 (5): 1107 –1117.

［247］Danny Y. 2015, "Capital Tax Reform and the Real Economy: The Effects of the 2003 Dividend Tax Cut". *American Economic Review*, 105 (12): 3531 –3563.

［248］De Rin, M. , D. G. Marina, S. Alessandro. 2011, "Entrepreneurship, Firm Entry, and the Taxation of Corporate Income: Evidence from Europe". *Journal of Public Economics*, 95: 1048 –1066.

［249］Devereux, M. , R. Griffith. 1998, "Taxes and the Location of

Production: Evidence from a Panel of US Multinationals". *Journal of Public Economics*, 68: 335 – 367.

[250] Devereux M. 1989, "Tax Asymmetries, the Cost of Capital and Investment: Some Evidence from United Kingdom Panel Data". *The Economic Journal*, 99 (395): 103 – 112.

[251] Disney R. , Haskel J. , Heden Y. 2003, "Entry, Exit and Establishmet Survival in UK manufacturing". *Journal of Industrial Economics*, 51 (1): 91 – 112.

[252] Disney R. , Haskel J. , Heden Y. 2003, "Restructuring and Productivity Growth in UK Manufacturing". *Economic Journal*, 113 (489): 666 – 694.

[253] Djankov S. , Ganser T. , McLiesh C. , Ramalho R. , Andrei S. 2010, "The Effect of Corporate Taxes on Investment And Entrepreneurship". *American Economic Journal: Macroeconomics*, 2 (3): 31 – 64.

[254] Esteve-Pérez S. , Sanchis-Llopis A. , Sanchis-Llopis J. A. 2010, "A Competing Risks Analysis of Firms' Exit". *Empirical Economics*, 38 (2): 281 – 304.

[255] Feldstein M. , Flemming J. 1971, "Tax Policy, Corporate Saving and Investment Behavior in Britain". *Review of Economic Studies*, 38 (4): 415 – 434.

[256] Fisman R. , Svensson J. 2010, "Are corruption and taxation really harmful to growth? Firm level evidence". *Journal of Development Economics*, 83 (1): 63 – 75.

[257] Geroski P. 1995, "What Do We Know about Entry?" *International Journal of Industrial Organization*, 13 (4).

[258] Geroski P. A. , Mata J. , Portugal P. 2010, "Founding Conditions and the Survival of New Firms". *Strategic Management Journal*, 31 (5): 510 – 529.

[259] Gorg H. , Spaliara M. E. 2009. "Financial Health, Exports, and Firm Survival: A comparison of British and French Firms". *Loughborough University Working Paper*.

[260] Görg H. , Strobl E. 2003, "Multinational Companies, Technol-

ogy Spillovers and Plant Survival". *Scandinavian Journal of Economics*, 105 (4): 581 – 595.

[261] Greenwald B. C. , Stiglitz J. E. 1986, "Externalities in Economies with Imperfect Information and Incomplete Markets". *Quarterly Journal of Economics*, 101 (2), 229 – 264.

[262] Gupta S. , K. Newberry. 1997, "Determinants of the Variability in Corporate Effective Tax Rates: Evidence from Longitudinal Data". *Journal of Accounting and Public Policy*, 16: 1 – 34.

[263] Hall B. H. 1993, "R&D Tax Policy During the 1980s: Success or Failure?" *Tax Policy and the Economy*, MIT Press, 1 – 36.

[264] Hall R. E. , D. W. Jorgenson. 1967, "Tax Policy and Investment Behavior". *American Economic Review*, 57 (3): 391 – 414.

[265] Hall B. , Van Reenen J. 2000, "How Effective are Fiscal Incentives for R&D? A Review of the Evidence". *Research Policy*, 29 (4 – 5): 449 – 469.

[266] Hannan, M. T. , J. Freeman. 1988, "The Ecology of Organizational Mortality: American Labor Unions, 1836 ~ 1985". *American Journal of Sociology*, 94: 25 – 52.

[267] Harberger A. C. 1962, "The Incidence of the Corporation Income Tax". *Journal of Political Economy*, 70 (3): 215 – 240.

[268] Harford J. 1999, "Corporate cash Reserves and Acquisitions". *Journal of Finance*, (54): 1969 – 1997.

[269] Harrison A. E. , Mcmillan M. S. 2003, "Does direct foreign investment affect domestic credit constraints". *Journal of International Economics*, 61 (1): 73 – 100.

[270] Hassett K. A. , Hubbard R. G. 2002, "*Tax Policy and Business Investment*" in A. Auerbach and M. Feldstein (ed.), Handbook of Public Economics, 3: 1293 – 1343.

[271] Helpman E. , Melitz M. J. , Yeaple S. R. 2004, "Export Versus FDI with Heterogeneous Firms". *The American Economic Review*, 94 (1): 300 – 316.

[272] Hendersrshott P. H. 1987, "*Tax Changes and Capital Allocation*

in the 1980*s*". The Effects of Taxation on Captial Accumulation. University of Chicago Press: 259 – 294.

[273] Héricourt J. , Poncet S. 2009, "FDI and credit constraints firm level evidence in China". *Economic Systems*, 33 (1): 1 – 21.

[274] Holmes P. , Hunt A. , Stone I. 2010, "An Analysis of New Firm Survival Using a Hazard Function". *Applied Economics*, 42: 185 – 195.

[275] Hines J. 1998, "Investment Ramifications of Distortionary Tax Subsidies". *Working Paper*, University of Michigan and NBE.

[276] Jensen M. 1986, "Agency Costs of Free Cash Flow, Corporate Finance, and Takeovers". *American Economic Review*, (76): 323 – 329.

[277] Jensen P. , Webster E. S. , Buddelmeyer H. Innovation. 2008, "Technological Conditions and New Firm Survival". *The Economic Record*, 84 (267): 434 – 448.

[278] Jorgenson D. W. 1963, "Capital Theory and Investment Behavior". *American Economic Review*, 53 (2): 247 – 259.

[279] Kahneman D. , Tversky A. 1974, "Judgement under Uncertainty: Heuristic and Biases". *Science*, (185): 1124 – 1131.

[280] Kaniovski S. , Peneder M. 2008, "Determinants of Firm Survival: A Duration Analysis Using the Generalized Gamma Distribution". *Empirica*, 35 (1): 41 – 58.

[281] Kim J. , Lee C. Y. 2011, "Technological Regimes and the Persistence of First – mover Advantages". *Industrial and Corporate Change*, 20 (5): 1305 – 1333.

[282] Kosova R. , Lafontaine F. 2010, "Survival and Growth in Retail and Service Industries: Evidence from Franchised Chains". *Journal of Industrial Economics*, 58 (3): 542 – 578.

[283] Kreps D. M. 1990, *"A Course in Microeconomic Theory"*. Princeton, NJ: Princeton University Press.

[284] Mamuneas T. , Nadiri M. 1996, "Public R&D Policies and Cost Behavior of the US Manufacturing Industries". *Journal of Public Economics*, 63 (1): 57 – 81.

[285] Manjon A. M. , Arauzo C. J. M. 2008, "Firm Survival: Meth-

ods and Evidence". *Empirica*, 35 (1): 1 – 24.

[286] Mcconnell J. J. , Muscarella C. J. 1985, "Corporate Capital Expenditure Decisions and the Market Value of the Firm". *Journal of Financial Economics*, 14 (3): 399 – 422.

[287] Moll B. 2014, "Productivity Losses from Financial Frictions: Can Self – financing Undo Capital Misall?" *The American Economic Review*, 104 (10): 3186 – 3221.

[288] Olley S. , A. Pakes. 1996, "The Dynamics of Productivity in the Telecommunications Equipment Industry". *Econometrica*, 64 (6): 1263 – 1297.

[289] Opler T. , Lee P. , René S. , Rohan W. 2001, "Corporate Cash Holdings". *Journal of Applied Corporate Finance*, 14 (1): 55 – 66.

[290] Penrose E. 1959, "*The Growth of the Firm*". New York: John Wiley and Sons.

[291] Poterba James M. , Lawrence H. Summers. 1983, "Dividend Taxes, Corporate Investment, and 'Q'". *Journal of Public Economics*, 22 (2): 135 – 167.

[292] Raj C. , Adam L. , Kory K. 2009, "Salience and Taxation: Theory and Evidence". *American Economic Review*, 99 (4): 1145 – 1177.

[293] Sagiri K. 2008. "Entrepreneurship, Taxation and Capital Investment". *Review of Economic Dynamics*, 11 (1): 44 – 69.

[294] Sinn H. W. 1985, "Why Taxes Matter: Reagan's Accelerated Cost Recovery System and the US Trade Deficit". *Economic Policy*, 1 (1).

[295] Smith A. 1960, "*The Wealth of Nations*", Cannon Edition, London: 1775.

[296] Soderbom M. , Teal. F. , Harding A. 2006, "The Determinants of Survival among African Manufacturing Firms". *Economic Development and Cultural Change*, 54 (3): 533 – 555.

[297] Spooner G. 1986, "Effective Tax Rates from Financial Statements". *National Tax Journal*, 39: 293 – 306.

[298] Staiger D. , Stock J. 1997. "Instrumental Variables Regression with Weak Instruments". *Econometrica*, 65 (3): 557 – 586.

[299] Strong J. S. , Meyer J. R. 1990. "*Sustaining Investment, Discretionary Investment, and Valuation: A Residual Funds Study o f the Paper Industry*". in R. Glenn Hubbarded. , Asymmetric Information, Corporate Finance, and Investment Chicago: University of Chicago Press. 127 – 148.

[300] Strotmann H. 2007, "Entrepreneurial Survival". *Small Business Economics*, 28: 87 – 104.

[301] Stucki T. 2014, "Success of Start – up Firms: The Role of Financial Constraints". *Industrial and Corporate Change*, 23 (1): 25 – 64.

[302] Suárez F. F. , J. M. Utterback. 1995, "Dominant Designs and the Survival of Firms". *Strategic Management Journal*, 16: 415 – 430.

[303] Tassey G. 2007, "Tax Incentives for Innovation: Time to Restructure the R&E Tax Credit". *Journal of Technology Transfer*, 32 (6): 605 – 615.

[304] Titman S. , John Wei K. C. , Xie F. 2004, "Capital Investments and Stock Returns". *Journal of Financial and Quantitative Analysis*, 39 (4): 677 – 700.

[305] Tsouka S. 2011, "Firm Survival and Finacial Development: Evidence from a Panel of Emering Asian Economics". *Journal of Banking & Finance*, 35 (7): 1736 – 1752.

[306] Tsvetkova A. , Thill J. C. , Strumsky D. 2014, "External Effects of Metropolitan Innovation on Firm Survival: Nonparametric Evidence from Computer and Electronic Product Manufacturing, and Healthcare". *Regional Growth and Innovation Models*, 64 (1): 83 – 106.

[307] Vergara R. 2010, "Taxation and Private Investment: Evidence for Chile". *Applied Economics*, 42 (6): 717 – 725.

[308] Villalonga B. 2004, "Intangible Resources, Tobin Q, and Sustainablity of Performance Differences". *Journal of Economic Behavior & Organization*, (54): 205 – 230.

[309] Woolridge J. R. 1988, "Competitive Declineand Corporate Restructuring: Is a Myopic Stock Market to Blame?" *Journal of Applied Corporate Finance*, (1): 26 – 36.

附　　录

附表1　　　　　　　　世界银行发布的各国企业总税率数据　　　　　单位：%

	2005年	2006年	2007年	2008年	2009年	2010年	2011年	2012年	2013年	2014年	2015年	2016年	2017年
中国									68.8	68.6	67.9	68.2	67.3
美国									43.8	43.8	43.9	44.0	43.8
日本									48.8	50.4	50.4	48.9	47.4
韩国	36.8	32.5	31.6	33.9	32.3	30.2	34.1	34.0	33.4	33.2	33.2	33.1	33.1
澳大利亚	52.1	51.1	50.1	50.0	47.8	47.6	47.3	47.2	47.3	47.4	47.6	47.6	47.5
俄罗斯									48.7	48.9	47.0	47.4	47.5
印度									55.7	55.5	55.5	55.3	55.3
巴西									69.2	69.2	68.1	68.4	68.4
越南	39.9	39.9	39.9	39.9	40.0	33.1	39.9	35.3	40.8	40.8	39.4	39.4	38.1
加拿大	47.5	45.0	44.3	44.1	42.3	22.0	20.7	20.1	19.9	21.1	21.1	21.0	20.9
德国	47.7	47.4	49.0	49.4	43.9	47.0	45.6	45.9	49.1	48.8	48.8	48.9	48.9
法国	67.9	72.6	69.4	68.0	67.6	67.5	65.5	69.3	69.3	70.8	61.9	64.0	62.2
英国	34.7	34.6	34.6	34.2	34.9	36.1	36.2	35.0	34.7	33.5	32.0	30.9	30.7
欧盟	48.7	46.3	45.5	43.8	43.0	42.7	41.9	42.2	42.0	42.2	41.5	41.3	40.6

注：总税率 = 总税额/商业利润，总税额包括了企业所承担的所得税、劳务税及其他强制性缴费之和；商业利润等于企业缴纳所有税款（包括所有构成企业税收负担的税收）前的净利润。https：//data. worldbank. org. cn/indicator/IC. TAX. TOTL. CP. ZS？ locations = CN，数据下载日期：2018 年 4 月 3 日。

附表2　　　　　　　长期平均税负对企业生存风险的影响检验

	(1) Cox	(2) AFT	(3) Cox	(4) AFT
av_Tax_1	-0.0012 (-0.29)	0.0065 (1.45)	-0.0129 (-0.33)	0.0049 (0.19)
$av\_Tax_1^2$			0.0001 (0.33)	0.0000 (0.08)
Control	Y	Y	Y	Y
Log Likelihood	-2827367.1	-362132.41	-2827367	-362132.4
N	1091373	1091373	1091373	1091373

注：括号内为 t 值。***、** 和 * 分别表示系数在 1%、5% 和 10% 的显著性水平下显著。附录后续各表皆同。

附表 3　　税收负担对不同所有制企业生存风险影响的 AFT 模型检验

	集体企业		私营企业		外资及港澳合企业			
	(1)	(2)	(3)	(4)	(5)	(6)	(7)	(8)
Tax_1	0.2486*** (2.74)	1.8817*** (7.56)	0.0843 (1.49)	1.8638*** (11.80)	0.1296 (0.95)	0.4500 (1.47)	0.0326 (0.22)	2.5732*** (6.34)
Tax_1^2		-12.3658*** (-7.02)		-13.8588*** (-12.13)		-3.1099 (-1.27)		-18.1009*** (-6.04)
$Tax_1 \times Owner$							0.0614 (0.85)	-0.3926** (-2.00)
$Tax_1^2 \times Owner$								2.6075* (1.75)
$Owner$							0.0697*** (15.93)	0.0839*** (15.75)
Control	Y	Y	Y	Y	Y	Y	Y	Y
Log Likelihood	-40021.76	-40000.87	-178955.1	-178891.7	-44838.29	-45681.45	-265445.96	-265535.41
N	101343	101343	545073	545073	158648	158648	805064	805064

163

附表 4 税收负担对不同产业类型企业生存风险影响的 AFT 模型检验

	劳动密集型企业		资本密集型企业		技术密集型企业			
	(1)	(2)	(3)	(4)	(5)	(6)	(7)	(8)
Tax_1	-0.3400*** (-5.38)	0.7916*** (4.71)	0.3312*** (4.74)	1.9044*** (10.14)	0.4049*** (5.85)	1.8585*** (9.55)	-0.6296*** (-6.42)	0.5206** (1.98)
Tax_1^2		-8.8761*** (-7.33)		-12.3617*** (-9.07)		-11.4599*** (-8.02)		-8.9618*** (-4.67)
$Tax_1 \times Indus$							0.3797*** (8.25)	0.4916*** (3.91)
$Tax_1^2 \times Indus$								-0.9237 (-1.00)
$Indus$							0.0666*** (8.03)	0.0600*** (7.07)
Control	Y	Y	Y	Y	Y	Y	Y	Y
Log Likelihood	-122579.0	-122555.5	-116704.9	-116668.8	-122335.6	-122306.7	-362095.19	-362007.8
N	360949	360949	347566	347566	382858	382858	1091373	1091373

附表 5　　税收负担对 TFP 五分位企业生存风险影响的 AFT 模型检验

	（1）	（2）	（3）	（4）	（5）
Tax_1	0.0754 （1.05）	0.0716 （0.81）	0.0997 （1.16）	0.2231 *** （2.73）	0.1657 ** （2.23）
Control	Y	Y	Y	Y	Y
Log Likelihood	−78901.031	−73163.493	−72502.019	−72318.115	−73817.381
	（6）	（7）	（8）	（9）	（10）
Tax_1	1.4582 *** （7.37）	1.4979 *** （6.42）	1.0394 *** （4.47）	1.6142 *** （7.29）	0.3598 * （1.71）
Tax_1^2	−10.7406 *** （−7.61）	−11.4595 *** （−6.65）	−7.5093 *** （−4.37）	−10.9602 *** （−6.80）	−1.4581 （−0.99）
Control	Y	Y	Y	Y	Y
Log Likelihood	−78876.161	−73144.582	−72493.825	−72298.71	−73816.958
N	215597	217815	218783	219555	219623

附表 6　　不同税种税负对企业生存风险影响 AFT 模型的稳健性检验 （一）

	（1） Inc − AFT	（2） Vad − AFT	（3） Inc − AFT	（4） Vad − AFT
$Inctax_1$	1.6697 *** （13.63）		4.6147 *** （21.17）	
$Vatax_1$		0.2615 *** （5.42）		2.3091 *** （19.80）
$Inctax_1^2$			−59.0615 *** （−16.61）	
$Vatax_1^2$				−20.7577 *** （−19.60）
Control	Y	Y	Y	Y
N	1091373	1091373	1091373	1091373

附表7　　不同税种税负对企业生存风险影响 AFT 模型的稳健性检验（二）

	(1)	(2)	(3)	(4)
$Inctax^2$	0.5558 *** (12.95)			
$Inctax_2^2$	-1.1929 *** (-10.64)			
$Vatax_2$	0.2531 *** (9.26)			
$Vatax_2^2$	-0.2102 *** (-5.46)			
$Inctax_3$		3.7752 *** (17.45)		
$Inctax_3^2$		-48.4664 *** (-14.30)		
$Vatax_3$		1.8007 *** (15.64)		
$Vatax_3^2$		-16.3530 *** (-16.07)		
$Inctax^4$			1.0499 *** (18.81)	
$Inctax_4^2$			-3.7263 *** (-16.23)	
$Vatax_4$			0.6424 *** (21.03)	
$Vatax_4^2$			-1.3134 *** (-18.73)	
$Inctax^5$				4.0894 *** (13.45)
$Inctax_5^2$				-54.8344 *** (-11.41)
$Vatax_5$				2.4451 *** (14.24)
$Vatax_5^2$				-24.2969 *** (-15.73)
Control	Y	Y	Y	Y
N	422777	1093348	1078879	734079

附表 8　　　税种形式对企业投资规模差异性影响的工具变量法检验

	(1) IV – FAI	(2) IV – FAI	(3) IV – Labor	(4) IV – Labor
$Inctax_1$	183. 9222 *** (4. 33)		68. 5942 *** (12. 03)	
$Inctax_1^2$	− 2575. 6850 *** (− 3. 79)		− 11118. 9540 *** (− 12. 28)	
$Vatax_1$		50. 0841 ** (2. 08)		24. 5018 *** (8. 80)
$Vatax_1^2$		− 408. 8833 * (− 1. 91)		− 208. 7196 *** (− 8. 46)
Control	Y	Y	Y	Y
N	573910	573910	573910	573910

致　　谢

非常感谢我的恩师樊丽明教授，她的辛苦指导和谆谆教诲使本书得以完成。她一直教导学生，治学应有责任感，选题应有社会价值，方法应重视理论与历史事实的统一，行文应具有系统性、层次性和思想性，结论和价值判断应当经得起长久的审视。恩师带我初窥经济学研究的门径，教我树立重视逻辑的思想意识，使我在未来的研究中长久受益。她年复一年的辛苦付出，身体力行地熏陶着学生树立纯粹、自强不息、迎难而上的人生态度；她的视野高远宏大、思想深邃洞察、思维缜密全面，让我们崇敬。高山仰止，景行行止，虽不能至，心向往之。

我的成长离不开其他老师无私的教导和关爱。衷心感谢黄天华老师、刘志阔老师在我研究期间给予的耐心教导。感谢刘小兵、吴一平以及山东大学解垩、李文、李春红等老师给予本书的宝贵意见。感谢我的每一位授课老师，他们渊博的学识和严谨的治学作风，帮我开拓了视野、增长了知识、重塑了观念，也必将长久地影响我的人生。

感谢我的同门师姐郭健，在我的学业和专著出版过程中给予了巨大帮助。感谢刘金东、宋英杰、刘铠豪、姚鹏、葛玉御、李昕凝、徐超、孙文平、马磊、王澍、周伟等同门兄弟姐妹给予我的诸多鼓励和帮助，与他们的交流讨论让我受益实多！

感谢我工作单位的领导、同事对本书出版的鼎力支持！感谢出版社的编辑、校对老师给予我细致、专业的指导，感谢其他工作老师对我的耐心帮助，你们辛苦了，谢谢大家！

魏天保

2023 年 3 月